원문原文으로 읽는

명심보감

明 心

원문原文으로 읽는

명심보감

추적 지음 | 편집부 엮음

명심보감 원문·해설
부록 생활에 필요한 각종 서식

寶 鑑

매월당

이끄는 말

마음을 밝히는 보배로운 거울

'마음을 밝히는 보배로운 거울'이란 뜻을 지닌 《명심보감明心寶鑑》은 선현들의 주옥같은 명언과 격언들을 모아서 만든 책이다. 이 책은 우리나라에서 주로 한문을 시작할 때 《천자문千字文》을 익힌 다음 배우는 《동몽선습童蒙先習》, 《격몽요결擊蒙要訣》 등과 더불어 한문의 기초를 다지는 주요 교재로 쓰였다. 특히 청소년들의 마음을 순화시키고 삶의 지혜를 일깨워주는데 큰 역할을 했고, 이 때문에 많은 사람들은 이 책을 평생의 지침서로 삼는다.

이 책은 원말명초元末明初 때의 학자인 범립본范立本이 편찬한 것으로, 상하 2권에 모두 20편으로 구성된 것이었다. 고려 말기에 우리나라로 들어온 후, 충렬왕 때의 문신인 추적秋適이 원본의 내용을 간추려서 19편으로 엮은 판본에 5편의 글이 더해진 증보편이다.

책의 내용을 살펴보면 다음과 같다.

계선편繼善篇은 착한 일을 하는 사람에게 복이 오고 악한 일을 하는 사람에게는 화가 미친다는 너무나 인간적인 신념을 바탕으로, 선행을 권장하는 글귀가 수록되어 있다. 천명편天命篇은 하늘의 이치를 순종하는 자는 살고 거스르는 자는 망한다는 전제 아래, 하늘이 인간에게 부여한 운명에 따라 선하게 살아갈 것을 권유하고 있다. 순명편順命篇은 죽고 사는 것은 천명에 달려 있고, 부하고 귀한 것은 하늘에 달려 있으니, 천명에 따라 자신이 타고난 분수껏 살 것을 권유하고 있다.

효행편孝行編은 효는 모든 행실의 근본이니 힘써 행할 것을 권유하고 있다. 정기편正己篇은 자신의 몸과 마음을 바로하기 위해서 항상 반성하고 홀로 있을 때라도 행동을 삼가야 할 것 등 수신에 도움이 되는 글귀들이 실려 있다. 안분편安分篇은 만족할 줄 알면 즐겁고, 탐욕에 애쓰면 근심스럽다는 말처럼, 헛된 명리名利를 좇거나 탐욕스런 생활을 버리고 자신에게 주어진 분수를 편안하게 생각하며 살아갈 것을 권유하고 있다.

존심편存心篇은 마음속에 항상 바른 예禮와 인仁을 지니고 살아가란 말이다. 이는 유가儒家의 대표적인 실천 명제의 하나이다. 계성편戒性篇은 사람의 성품은 물과 같아서 한 번 쏟아진 물은 다시 담을 수 없듯이 한 번 방종해진 성품은 다시 되돌리기 어려우니, 늘 참고 경계하면서 살되 자신에게 엄격하고 남에게는 관대할 것을 권유하고 있다. 근학편勤學篇은 학문의 중요성을 강조하며 언제나 부지런히 배우면서 살아갈 것을 권유하는 글귀들이 실려 있다. 훈자편訓子篇은 금전보다도 자식을 잘 가르치는 것이 더 중요함을 강조하였다.

성심편省心篇 상·하는 자신의 마음을 성찰할 수 있는 글뿐만 아니라 시세에 변화하는 다른 사람의 마음까지 꼼꼼히 살펴볼 수 있는 글들이 실려 있다. 다른 편에 비해 그 분량이 가장 많다. 입교편立教篇은 한 개인과 가정은 물론이고 한 사회와 국가가 올바른 원칙을 세워서 가치 있게 살아갈 것을 권유하고 있다. 치정편治政篇은 정사를 다스리는 관리들의 마음가짐에 대해 논한 것인데, 특히 공평, 청렴, 근신, 근면 등 정치가들이 갖추어야 할 기본적인 미덕을 강조하고 있다.

치가편治家篇은 집안을 다스리는 법에 대한 글들이 구체적으로 실려 있다. 즉, 부모를 어떻게 섬기고 손님 접대나 아랫사람을 부리는 법 등등으로, 오늘날에도 크게 도움이 될 가정 윤리이다. 안의편安義篇은 의리를 잘 지키며 살아갈 것을 권유하고 있는데, 특히 가족과 친구 간에 지켜야 할 의리에 대해서 기술하고 있다. 준례편遵禮篇은 인仁(사랑)을 실천하기 위한 형식인 예절을 잘 따르고 표현하는 것이 중요하다고 적고 있다. 예컨대 내가 어떤 상대방에게 사랑하는 마음을 품고 있는데, 겉으로 표현하지 않으면 상대방은 내가 어떤 마음을 지니고 있는지 알 수 없다. 따라서 상대방에게 공경하고 사랑한다는 의미에서 깍듯하게 예의를 차리는 것이다. 또 그 시발점은 부모 형제로부터 시작된다.

언어편言語篇은 언제나 말조심을 하며 신중할 것을 강조하고 있다. 교우편交友篇은 진정한 벗을 사귀는 법에 대한 글들이 실려 있다. 부행편婦行篇은 여성들의 바른 행실과 역할에 대한 글들이 수록되어 있다. 그 내용 중에 오늘날에 적용하기 어려운 생활 방식들도 있으나 그 정신만은 계승할 필요가 있다. 기타 증보편의 경우 앞의 내용을 보완하거나 효행에 관한 내용을 다시 강조하였다.

이처럼 《명심보감》은 심성의 반성을 통해 인간 본연의 양심을 보존하고 인간이 나아갈 바른길을 제시해 주고 있다. 좀 더 구체적으로 설명하자면 자연과 하늘의 이치에 순응하면서 자기 자신의 양심과 분수를 지키고, 부모·형제·친구 간의 사랑과 의리를 통하여 집안을 다스리며 사회나 나라에 유용한 인재가 되는 실제적인 처세법을 알려주고 있는 것이다. 아울러 한문의 기초적 이해를 도모할 수 있는 일석이조의 책이라 자신 있게 권한다.

차 례

子曰,
자 왈

爲善者는 天報之以福하고
위 선 자   천 보 지 이 복

爲不善者는 天報之以禍니라.
위 불 선 자   천 보 지 이 화

공자孔子께서 말씀하셨다.

"착한 일을 하는 사람에게는 하늘이 복으로써 감싸주고, 착하지 않은 일을 하는 사람에게는 하늘이 재앙으로써 갚아준다."

爲善者 : 착한 일을 하는 사람	報之以 : ~로 보답하다
爲不善者 : 착하지 않은 일을 하는 사람	

공자孔子(BC 552~BC 479)

중국 고대의 사상가, 유교의 시조. 최고의 덕을 인仁이라고 보았다. 인仁에 대한 공자의 가장 대표적인 정의는 '극기복례克己復禮' 곧 '자기 자신을 이기고 예에 따르는 삶이 곧 인仁'이라는 것이다. 그 수양을 위해 부모와 연장자를 공손하게 모시는 효제孝悌의 실천을 가르치고, 이를 인仁의 출발점으로 삼았다.

2

漢昭烈이 將終에 勅後主曰,
한 소 열　장 종　칙 후 주 왈

勿以善小而不爲하고 勿以惡小而爲之하라.
물 이 선 소 이 불 위　　물 이 악 소 이 위 지

　한漢나라의 소열황제昭烈皇帝가 장차 죽으려 할 때에 아들인 후주後主[劉禪]에게 조칙을 내려 말하였다.

　"착한 일이 작다고 해서 하지 않아서는 안 되며, 악한 일이 작다고 해서 행하지 말라."

將終 : 장차 죽으려 할 때	勅 : 조칙, 임금이 내리는 명령
後主 : 유비의 아들 유선劉禪	勿 : ~하지 말라는 뜻
以善小 : 착한 일이 작다고 해서	不爲 : 하지 않는다

소열황제昭烈皇帝(161~223)

삼국시대 촉한蜀漢의 제1대 황제(재위 221~223). 성은 유劉, 이름은 비備, 자는 현덕玄德, 소열昭烈은 그의 시호이다. 관우·장비와 결의형제하였으며, 삼고초려로 제갈량을 맞아들였다. 220년 조비가 한나라 헌제의 양위를 받아 위의 황제가 되자, 221년 그도 제위에 올라 한의 정통을 계승한다는 명분으로 국호를 촉한蜀漢이라 하였다.

莊子曰,
장 자 왈

一日不念善이면 諸惡이 皆自起니라.
일 일 불 념 선　　　제 악　　개 자 기

장자莊子가 말하였다.

"하루라도 착한 일을 생각하지 않으면 모든 악이 저절로 일어난다."

念善 : 선을 생각하다　　　諸惡 : 모든 악　　　自起 : 저절로 일어난다

장자莊子(BC 369~BC 289년경)

중국 고대의 사상가, 제자백가諸子百家 중 도가道家의 대표자. 도道를 천지 만물의 근본 원리라고 보았다. 성은 장莊. 이름은 주周. 정확한 생몰 연대는 미상이나 맹자孟子와 거의 비슷한 시대에 활약한 것으로 전한다. 초楚나라의 위왕威王이 그를 재상으로 맞아들이려 하였으나 사양하였다. 저서인 《장자》는 원래 52편篇이었다고 하는데, 현존하는 것은 진대晉代의 곽상郭象이 산수刪修한 33편(內篇 7, 外篇 15, 雜篇 11)으로, 그중에서 내편이 원형에 가장 가깝다고 한다.

太公曰,
태 공 왈

見善如渴하고 聞惡如聾하라
견 선 여 갈　　　문 악 여 롱

又曰, 善事須貪하고 惡事莫樂하라.
우 왈　선 사 수 탐　　　악 사 막 락

태공太公이 말하였다.

"착한 것을 보거든 목마를 때 물을 보듯이 하고, 악한 것을 듣거든 귀머거리처럼 하라." 또 "착한 일은 모름지기 탐내야 하며, 악한 일은 즐기지 말라."

見善 : 착한 일을 보다	如渴 : 목마를 때 물을 보듯이 하다
聞惡 : 악한 일을 듣다	如聾 : 귀머거리처럼 하다
須貪 : 모름지기 탐내다	莫樂 : 즐기지 말라

태공太公(?~?)

주周나라 초기의 정치가이자 공신이며 본명은 강상姜尙이다. 그의 선조가 여呂나라에 봉해졌으므로 여상呂尙이라 불렸고, 태공망이라고 불렸지만 강태공이라는 이름으로 알려져 있다. 주나라 문왕의 초빙을 받아 그의 스승이 되었고, 무왕을 도와 상商나라 주왕紂王을 멸망시켜 천하를 평정하였으며, 그 공으로 제齊나라 제후에 봉해져 그 시조가 되었다.

강태공은 동해東海에서 사는 가난한 사람이었고, 집안을 돌보지 않아 그의 아내가 집을 나갔다고 전한다. 하루는 위수渭水에서 낚시를 하고 있는데, 인재를 찾아 떠돌던 주나라 서백(주나라 문왕이 됨)을 만났다. 서백은 노인의 범상치 않는 모습을 보고 그와 문답을 통해 인물됨을 알아보고 주나라 재상으로 등용했다고 전해진다. 그를 태공망이라고 불렀는데 이는 주나라 무왕의 선군인 태공太公이 바랐던[望] 인물이었기에 그렇게 불렀다고 전해진다. 강태공에 대한 전기는 대부분이 전설적이지만, 전국시대부터 경제적 수완과 병법가兵法家로서의 그의 재주가 회자되기도 하였다. 병서兵書《육도六韜》(6권)는 그의 저서라 하며, 뒷날 그의 고사를 바탕으로 하여 한가하게 낚시하는 사람을 강태공 혹은 태공이라 하는 속어가 생겼다.

5

馬援曰,
마 원 왈

終身行善이라도 善猶不足이요
종 신 행 선   선 유 부 족

一日行惡이라도 惡自有餘니라.
일 일 행 악   악 자 유 여

마원馬援이 말하였다.

"몸을 마치도록 착한 일을 행하여도 착함은 오히려 부족하고, 단 하루라도 악한 일을 행하여도 악은 저절로 남음이 있다."

終身 : 몸을 마치도록, 평생   善猶不足 : 착함은 오히려 부족하다

惡自有餘 : 악은 저절로 남음이 있다

마원馬援(BC 14~AD 49)

중국 후한後漢의 장군. 태중대부, 농서태수를 지내며 외민족을 토벌하였다. 41년 이후에는 복파장군伏波將軍에 임명되어, 교지交趾(북베트남) 지방에서 봉기한 징칙徵側과 징이徵貳 자매의 반란을 토벌하고, 하노이 부근의 낭박浪泊까지 진출하여 그곳을 평정하였다. 그 공로로 43년 신식후新息侯가 되었다. 45년 이후는 북방의 흉노匈奴와 오환烏丸의 토벌에 활약하였다. 이어서 노령에도 불구하고 남방의 무릉만武陵蠻을 토벌하러 출정하였으나, 열병환자가 속출하여 고전하다가 진중에서 병들어 죽었다.

6

司馬溫公曰,
사 마 온 공 왈

積金以遺子孫이라도　未必子孫能盡守요
적 금 이 유 자 손　　　미 필 자 손 능 진 수

積書以遺子孫이라도　未必子孫能盡讀이니
적 서 이 유 자 손　　　미 필 자 손 능 진 독

不如積陰德於冥冥之中하여
불 여 적 음 덕 어 명 명 지 중

以爲子孫之計也니라.
이 위 자 손 지 계 야

사마온공司馬溫公이 말하였다.

"돈을 모아서 자손에게 물려준다 하여도 자손이 반드시 다 지킬 수는 없으며, 책을 모아서 자손에게 물려준다 하여도 자손이 반드시 다 읽는다고 볼 수 없다. 차라리 남모르는 가운데 덕德을 쌓아서 자손을 위한 계책을 삼느니만 같지 못하다."

積金 : 돈을 모으다	遺子孫 : 자손에게 물려주다
未必 : 반드시 ~는 아니다	能盡守 : 다 지키지 못한다
陰德 : 남모르게 한 착한 일	冥冥之中 : 은연중에, 남이 모르는 가운데

사마온공司馬溫公(1019~1086)

중국 북송의 정치가, 사학자. 자는 군실君實, 이름은 광光, 시호는 문정文正이다.
속수선생涑水先生이라고도 하며, 죽은 뒤 온국공溫國公에 봉해졌다. 20세에 진

사가 되고, 1067년 신종神宗이 즉위한 해에 한림학사, 이어서 어사중승이 되어 출세가도를 달렸다. 그러나 신종이 왕안석을 발탁하여 신법을 단행하게 하자, 이에 반대하여 관직을 사퇴하고 낙양에 거주하며 전 20권의 《자치통감》을 완성하였다. 이듬해 신종이 죽고 어린 나이의 철종이 즉위하고 조모인 선인태후宣仁太后가 섭정하자, 신법을 싫어하는 태후에게 발탁되어 재상이 되었고 왕안석의 신법을 구법으로 대체, 구법당의 수령으로 수완을 크게 발휘했다. 저술로는 《자치통감》 외에 《속수기문涑水紀聞》, 《사마문정공집司馬文正公集》 등이 있다.

景行錄에 曰,
경 행 록   왈

恩義廣施하라 人生何處不相逢이라
은 의 광 시   인 생 하 처 불 상 봉

讐怨莫結하라 路逢狹處難回避니라.
수 원 막 결   노 봉 협 처 난 회 피

《경행록》에 이르기를,

은혜로운 일과 올바른 일을 널리 베풀어라. 사람이 어느 곳에 살든 서로 만나지 않으랴. 원수와 원한을 맺지 마라. 길이 좁은 곳에서 만나면 회피하기 어렵다.

恩義 : 은혜와 의리	廣施 : 널리 베풀다	何處 : 어느 곳
讐怨 : 원수와 원한	莫結 : 맺지 마라	狹處 : 좁은 곳

《경행록景行錄》
│ 중국 송나라 때 지어졌다는 책으로 지금은 전해지지 않는다.

8

莊子曰,
장 자 왈

於我善者라도 我亦善之하고
어 아 선 자   아 역 선 지

於我惡者라도 我亦善之니라
어 아 악 자   아 역 선 지

我旣於人無惡이면 人能於我無惡哉인저.
아 기 어 인 무 악   인 능 어 아 무 악 재

장자가 말하였다.

"나에게 착하게 하는 자에게도 나 또한 착하게 하고, 나에게 악하게 하는 자에게도 나 또한 착하게 할 것이다. 내가 이미 남에게 악하게 하는 일이 없으면, 남도 나에게 악하게 하는 일이 없을 것이다."

於我 : 나에게   我亦 : 나도   善之 : 착하게 대하다   於人 : 남에게

9

東岳聖帝垂訓 曰,
동 악 성 제 수 훈   왈

一日行善이라도 福雖未至나 禍自遠矣요
일 일 행 선   복 수 미 지   화 자 원 의

一日行惡이라도 禍雖未至나 福自遠矣니
일일행악　　　화 수 미 지　　복 자 원 의

行善之人은 如春園之草하여 不見其長이라도
행선지인　　여춘원지초　　　불견기장

日有所增하고 行惡之人은 如磨刀之石하여
일유소증　　행악지인　　여마도지석

不見其損이라도 日有所虧니라.
불견기손　　　일유소휴

동악성제東岳聖帝〈수훈垂訓〉에 이르기를,

　하루 착한 일을 했을지라도 복은 비록 이르지 아니하나 화[재앙]는 저절로 멀어질 것이요, 하루 악한 일을 했을지라도 화는 비록 이르지 아니하나 복은 저절로 멀어질 것이다. 착한 일을 하는 사람은 봄 동산의 풀과 같아서 자라는 것이 보이지는 않지만 날마다 더해지는 것이 있고, 악한 일을 하는 사람은 칼을 가는 숫돌과 같아서 닳아 없어지는 것이 보이지는 않지만 날마다 이지러짐이 있는 것이다.

雖 : 비록	未至 : 이르지 않다
自遠 : 저절로 멀어지다	春園之草 : 봄 동산의 풀
所增 : 늘어나는 바	磨刀之石 : 칼을 가는 숫돌
所虧 : 이지러지는 바	

동악성제東岳聖帝
│ 도교에서 사람의 수명과 복록을 맡는 신선으로 태산부군泰山府君이라고도 한

다. 동악은 오악五嶽의 하나로 태산泰山을 말하며, 부군府君은 관청 장관長官을 뜻하지만 이 경우의 부府는 명부冥府, 즉 죽은 자를 관장함을 뜻한다. 태산은 예부터 명산으로 알려졌는데 특히 진시황제秦始皇帝와, 한무제漢武帝가 이 산에 올라 봉선封禪의 제祭를 올린 뒤부터는 한층 신비성이 높아졌다. 동악성제는 이른 새벽에 사당을 나와 수레를 타고 시종백관을 거느리고 돌아다니면서 인간계의 선악을 시찰하고 부정을 바로잡아준다고 한다.

子曰,
자 왈

見善如不及하고 見不善如探湯하라.
견 선 여 불 급 　 견 불 선 여 탐 탕

공자孔子께서 말씀하셨다.

"착한 일을 보거든 미치지 못함을 애태우는 것과 같이 하고, 착하지 않은 일을 보거든 끓는 물을 만지는 것과 같이 피하라."

不及 : 미치지 않다 　　　　　 探湯 : 끓는 물을 만지다

天命篇 천명편
하늘의 뜻대로 살아라

孟子曰,
맹 자 왈

順天者는 存하고 逆天者는 亡하니라.
순 천 자 존 역 천 자 망

맹자孟子가 말하였다.

"하늘의 뜻을 따르는 자는 살고, 하늘의 뜻을 거역하는 자는 망한다."

順天者 : 하늘의 뜻을 따르는 사람   逆天者 : 하늘의 뜻을 어긴 사람

맹자孟子(BC 372?~BC 289?)
중국 전국시대에 배출된 제자백가의 한 사람이다. 공자의 유교 사상을 공자의 손자인 자사子思의 문하생에게서 배웠으며 시詩와 서書에 능했다고 전해진다. 맹자의 어머니 장씨는 현모賢母로 알려져 있으며 맹자의 교육을 위해 세 번이나 이사를 했다는 맹모삼천지교孟母三遷之敎는 유명한 고사이다. 도덕정치인 왕도王道를 주장하였으나 이는 현실과 동떨어진 이상적인 주장이라고 생각되어 제후에게 채택되지 않았다. 그래서 고향에 은거하여 제자 교육에 전념하였다. 맹자의 사상을 담고 있는《맹자》7편은 맹자의 말을 후세의 제자들이 모아 만든 편찬물이며, 내용은 맹자의 사상뿐만 아니라 당시 제후와 재상을 만나 문답을 나눈 맹자의 행적을 그대로 담은 것이다. 한때《맹자》는 주목받지 못하고 금서禁書로 취급되기도 하였다. 주자학 이후로《맹자》는《논어》,《대학》,《중용》과 더불어 '사서四書'의 하나로서 유교의 주요한 경전이 되었다.

2

康節邵先生曰,
강절소선생왈

天聽寂無音하니 蒼蒼何處尋고
천 청 적 무 음 　　창 창 하 처 심

非高亦非遠이라 都只在人心이니라.
비 고 역 비 원 　　도 지 재 인 심

강절 소선생이 말하였다.

"하늘의 들으심이 고요하여 소리가 없으니 푸르고 푸르지만 어
느 곳에서 찾을 것인가. 높지도 않고 또한 멀지도 않다. 모두가 사
람의 마음속에 있을 뿐이다."

天聽 : 하늘이 듣는다　　　　寂無音 : 조용하여 소리가 없다

蒼蒼 : 푸르고 푸르다　　　　何處尋 : 어디에서 찾을까

都只 : 모두 다만

소강절邵康節(1011~1077)

중국 송나라의 학자, 사상가, 시인. 이름은 옹雍이고, 자는 요부堯夫, 강절康節은
그의 시호이다. 도가 사상의 영향을 받고 유교의 역철학易哲學을 발전시켜 특이
한 수리철학數理哲學을 만들었다. 그는 음陰 · 양陽 · 강剛 · 유柔의 4원四元을 근
본으로 하고, 4의 배수倍數로 모든 것을 설명하였다.

그는《황극경세서》62편을 저작하여 천지간 모든 현상의 전개를 수리로서 해석
하고 그 장래를 예시하였으며, 또《관물내외편》2편에서 허심虛心, 내성內省의
도덕수양법을 설명하였다. 또한 자유로운 시체詩體의 시집《이천격양집》(20권)
의 작품이 있고,《어초문답》(1권) 등이 있어 후세에 많은 영향을 끼쳤다.

3

玄帝垂訓 曰,
현 제 수 훈 왈

人間私語라도 天聽若雷하고
인 간 사 어   천 청 약 뢰

暗室欺心이라도 神目如電이니라.
암 실 기 심   신 목 여 전

현제玄帝 〈수훈垂訓〉에 이르기를,

인간의 사사로운 말이라도 하늘이 듣는 것은 우레처럼 크게 들리고, 어두운 방 안에서 자신의 마음을 속일지라도 신의 눈은 번갯불처럼 밝게 보인다.

私語 : 사적인 말	若雷 : 우레처럼 크다
欺心 : 마음을 속이다	如電 : 번개처럼 밝다

현제玄帝

┃ 도교에서 받드는 신선으로 현천상제玄天上帝라고도 한다.

4

益智書 云,
익 지 서   운

惡鑵若滿이면 天必誅之니라.
악 관 약 만   천 필 주 지

《익지서益智書》에 이르기를,

악의 그릇이 가득 차면, 하늘이 반드시 그를 벌하여 죽일 것이다.

惡罐 : 악의 두레박, 악한 마음을 비유함

誅之 : 베어 죽인다는 뜻으로 벌을 주다

《익지서益智書》

중국 송나라 때 편찬한 교양에 관한 책으로, 지금은 전해지지 않는다. '익지' 는
'지혜를 더하다.' 는 뜻이다.

莊子曰,
장 자 왈

若人作不善하여 得顯名者는
약 인 작 불 선　　　득 현 명 자

人雖不害나 天必戮之니라.
인 수 불 해　　천 필 륙 지

장자가 말하였다.

"만일 사람이 착하지 못한 일을 하여 이름을 얻는 자는 사람들
이 비록 그를 해치지 않더라도 하늘이 반드시 죽일 것이다."

顯名者 : 이름을 드러낸 사람　　　戮之 : 죽이다

種瓜得瓜요 種豆得豆니
종 과 득 과   종 두 득 두

天網恢恢하여 疎而不漏니라.
천 망 회 회   소 이 불 루

오이를 심으면 오이를 얻고 콩을 심으면 콩을 얻으니, 하늘의 그물이 넓고 넓어서 성글기는 하지만 새지 않는다.

種瓜 : 오이를 심다	種豆 : 콩을 심다
天網 : 하늘의 그물	恢恢 : 넓고 넓다
疎而不漏 : 성글지만 새지 않는다	

子曰,
자 왈

獲罪於天이면 無所禱也니라.
획 죄 어 천   무 소 도 야

공자孔子께서 말씀하셨다.

"나쁜 일을 하여 하늘에 죄를 지으면 빌 곳이 없다."

獲罪 : 죄를 짓다	於天 : 하늘에
無所禱 : 빌 곳이 없다	

順命篇 순명편

하늘로부터 주어진 천명을 따르라

1

子曰,
자 왈

死生有命이요 富貴在天이니라.
사 생 유 명　　　부 귀 재 천

공자孔子께서 말씀하셨다.

"죽고 사는 것은 명命에 있고, 부귀富貴는 하늘에 달려 있다."

死生 : 죽음과 삶　　　　　　富貴 : 부유함과 귀함

2

萬事分已定인데 浮生空自忙이니라.
만 사 분 이 정　　　부 생 공 자 망

　모든 일은 분수가 이미 정해져 있는데, 덧없는 인생은 부질없이
스스로 바쁘구나.

萬事 : 모든 일　　　　　　已定 : 이미 정해져 있다
浮生 : 뜬구름 같은 인생　　自忙 : 스스로 바쁘다

3

景行錄_에 云,
경 행 록   운

禍不可倖免_{이요} 福不可再求_{니라.}
화 불 가 행 면   복 불 가 재 구

《경행록》에 이르기를,

화는 요행으로 면할 수 없고, 복은 두 번 다시 구할 수 없다.

倖免 : 요행으로 면하다   再求 : 다시 구하다

4

時來風送滕王閣_{이요} 運退雷轟薦福碑_{라.}
시 래 풍 송 등 왕 각   운 퇴 뢰 굉 천 복 비

때가 오니 바람이 왕발을 등왕각으로 불어 보내고, 운이 물러가

니 벼락이 천복비에 떨어졌도다.

時來 : 때가 오다   風送 : 바람이 보내주다
運退 : 운수가 물러나다   雷轟 : 우레가 치고 벼락이 떨어지다

왕발王勃(650~676)

양형, 노조린, 낙빈왕 등과 함께 초당 4걸이라 불리는 중국 당나라 초기의 대표
적 시인. 종래의 완미婉媚한 육조시六朝詩의 형식을 벗어나 참신하고 건전한 정
감을 읊어 성당시盛唐詩의 선구자가 되었다. 특히 5언 절구五言絶句에 뛰어났다.

시문집《왕자안집王子安集》16권을 남겼다.

다음과 같은 일화가 전해진다. 왕발이 아직 어릴 때 동정호에 머문 적이 있었는데 한 노인이 그의 꿈에 나타나서, 등왕각에서 9월 9일에 낙성 잔치가 있으니 그 자리에 참석하여 〈등왕각서〉를 지으라고 말하였다. 그날은 9월 7일이었는데 등왕각이 있는 남창현까지는 하룻밤 사이에 가기란 도저히 불가능한 칠백 리나 되는 거리였다. 그러나 왕발은 꿈이 너무도 생생하여 배에 올랐다. 그때부터 순풍이 불어와 배는 나는 듯이 달려 다음 날 등왕각에 이르렀다. 그래서 명문장으로 이름난 〈등왕각서〉를 지어 천하에 이름을 떨치게 되었다.

등왕각滕王閣

당나라 고조의 아들인 이원영이 홍주자사로 있을 때 건립한 누각으로, 그가 등왕에 책봉되었으므로 등왕각이라고 불렀으며 지금의 강서성 남창시에 있다.

등왕각서滕王閣序

중국 당나라의 왕발이 지은 사륙변려문四六駢儷文. 당 고종 때인 676년 중양절(9월 9일)에 홍주도독 염백서가 등왕각에서 주연을 열고 손님들을 청했는데 마침 왕발이 이 연회에 참석하여 즉석에서 이 시와 서를 지었다. 전반부는 홍주 일대의 형세와 등왕각의 수려하고 웅장한 아름다움 및 연회의 성황을, 후반부에서는 타향에서 객으로 지내며 품은 뜻을 펼쳐 볼 수 없음을 탄식했는데, 흠잡을 데 없이 매끄러워 오래도록 널리 전해지는 명작이 되었다.

천복비薦福碑

강서성 천복사薦福寺 경내에 있던 비석이다. 당唐의 이북해李北海가 비문을 짓고 구양순歐陽詢이 그 비문을 썼다. 당시 구양순의 서체書體가 크게 존중받아 이 비문의 탁본이 비싸게 팔렸는데 다음과 같은 일화가 전해진다. 송宋의 범중엄范仲淹(자는 희문希文, 시호 문정文正)이 요주태수로 있을 때, 그 서생이 집이 가난해서 천복사 비문 탁본하기를 허락받아 종이와 먹물을 마련해 갔는데, 그날 밤 벼락이 떨어져 비석이 깨어져버려서 뜻을 이루지 못했다.

5

列子曰,
열 자 왈

癡聾瘖啞도 **家豪富**요 **智慧聰明**도 **却受貧**이라
치 롱 음 아　가 호 부　지 혜 총 명　각 수 빈

年月日時 該載定하니 **算來由命不由人**이니라.
연 월 일 시 해 재 정　산 래 유 명 불 유 인

열자列子가 말하였다.

"어리석고 귀먹은 벙어리라도 집은 호화롭고 부자요, 지혜롭고 총명한 사람도 도리어 가난하게 된다. 운수는 타고난 해와 달과 날과 시가 모두 처음부터 정해져 있으니, 헤아려보면 운명에 따르는 것이지 사람에게서 말미암지 않는다."

癡聾 : 어리석은 귀머거리	瘖啞 : 말 못하는 벙어리
却 : 도리어, 반대로	該 : 모두
算來 : 헤아려보다	由命 : 운명에 달려 있다

열자列子(?~?)

중국 전국시대 도가道家의 사상가로서 전설의 인물이다. 이름은 어구禦寇이다. BC 400년경 정鄭나라에 살았다고 전하나 《사기史記》에는 그 전기가 보이지 않고 《장자莊子》〈소요유편逍遙遊篇〉에 '열자는 바람을 타고 하늘을 날았다.'고 한 것으로 미루어보아 '장자'가 허구로 가정한 인물로 추정된다.

孝行篇 효행편

어버이께 효도하라

詩_에 曰,
시 왈

父兮生我_{하시고} 母兮鞠我_{하시니}
부 혜 생 아   모 혜 국 아

哀哀父母_여 生我劬勞_{하셨네}
애 애 부 모   생 아 구 로

欲報深恩_{하나} 昊天罔極_{이로다.}
욕 보 심 은   호 천 망 극

《시경詩經》에 이르기를,

아버지 나를 낳으시고 어머니 나를 기르시니, 아아 애달프다! 부모님이시어! 나를 낳아 기르시느라 애쓰고 수고하셨네. 그 은혜를 갚고자 하나 저 넓은 하늘처럼 끝이 없어라.

| 生我 : 나를 낳다 | 鞠我 : 나를 기르다 | 劬勞 : 애쓰고 수고하다 |
| 欲報 : 보답하려 하다 | 昊天 : 넓고 큰 하늘 | 罔極 : 끝이 없다 |

《시경詩經》

춘추시대의 민요를 중심으로 모은 중국에서 가장 오래 된 시집이다. 시대적으로는 주초周初부터 춘추春秋 초기까지의 것으로 본디 3,000여 편이었던 것을 공자가 311편으로 간추려 정리했다고 알려져 있지만, 오늘날 전하는 것은 305

편이다. 시경은 크게 풍風, 아雅, 송頌으로 분류되고 다시 아雅가 대아大雅, 소아小雅로 나뉘어 전해진다. 풍風은 여러 나라의 민요로 주로 남녀 간의 정과 이별을 다룬 내용이 많고, 아雅는 공식 연회에서 쓰는 의식가儀式歌이며, 송은 종묘의 제사에서 쓰는 악시樂詩이다. 각부를 통하여 상고인上古人의 유유한 생활을 구가하는 시, 현실의 정치를 풍자하고 학정을 원망하는 시들이 많은데, 내용이 풍부하고 문학사적 평가도 높으며 상고의 사료史料로서도 귀중하다.

子曰,
자 왈

孝子之事親也에 居則致其敬하고
효 자 지 사 친 야   거 즉 치 기 경

養則致其樂하고 病則致其憂하고
양 즉 치 기 락   병 즉 치 기 우

喪則致其哀하며 祭則致其嚴이니라.
상 즉 치 기 애   제 즉 치 기 엄

공자孔子께서 말씀하셨다.

"효자가 어버이를 섬길 때는 이렇게 한다. 거처하실 때에는 공경하는 마음을 다하고, 봉양할 때는 마음을 다하여 즐겁게 해드리고, 병이 나시면 진정으로 근심스러워하고, 초상을 치를 때에는 슬픔을 다하며, 제사지낼 때엔 엄숙한 마음을 다한다."

事親 : 부모를 섬기다	居 : 거처하다
致其樂 : 공경을 다하다	

3

子曰,
자 왈

父母在어시든 不遠遊하며 遊必有方이니라.
부 모 재　　불 원 유　　유 필 유 방

공자孔子께서 말씀하셨다.

"부모님이 살아 계시면 집을 떠나 멀리 나돌지 않으며, 집을 떠나 나돌더라도 반드시 행선지를 알려야 한다."

遠遊 : 집을 떠나 멀리 나돌다　　有方 : 행방이나 행선지를 알리다

4

子曰,
자 왈

父命召어시든 唯而不諾하고 食在口則吐之니라.
부 명 소　　유 이 불 낙　　식 재 구 즉 토 지

공자孔子께서 말씀하셨다.

"아버지가 명하여 부르시면 '예.' 하고 즉시 대답하며 머뭇거리지 말고, 음식이 입에 있거든 이를 뱉고 달려갈 것이니라."

命召 : 부르다　　吐之 : 토해 내다, 뱉다

唯而不諾 : '예.' 하고 대답하며 머뭇거리지 않는다

太公曰,
태공 왈

孝於親이면 **子亦孝之**하나니
효 어 친　　자 역 효 지

身旣不孝면 **子何孝焉**이리오.
신 기 불 효　　자 하 효 언

태공이 말하였다.

"어버이에게 효도하면 내 자식 또한 나에게 효도하나니, 내 자신이 이미 어버이에게 효도하지 않았다면 자식이 어찌 나에게 효도하리오."

孝於親 : 부모에게 효도하다　　　　子何孝焉 : 자식이 어찌 효도하랴

孝順은 **還生孝順子**요
효 순　　환 생 효 순 자

忤逆은 **還生忤逆子**하나니
오 역　　환 생 오 역 자

不信커든 **但看簷頭水**하라
불 신　　단 간 첨 두 수

點點滴滴不差移니라.
점 점 적 적 불 차 이

부모에게 효도하고 순종하는 사람은 또한 효도하고 순종하는 자식을 낳을 것이요, 부모에게 거스르고 거역하는 사람은 또한 거스르고 거역하는 아들을 낳는다. 믿지 못하겠거든 처마 끝의 낙숫물을 보라. 방울방울 떨어지는 것이 어긋남이 없다.

孝順 : 부모에게 효도하고 순종하다	還 : 또한, 다시
忤逆 : 거스르고 거역하다	但 : 다만
簷頭水 : 처마 끝의 낙숫물	點點 : 방울방울
滴滴 : 물방울이 떨어지다	不差移 : 어긋나지 않는다

正己篇 정기편

몸을 바르게 하라

性理書 云,
성 리 서 운

見人之善이어든 而尋己之善하고
견 인 지 선   이 심 기 지 선

見人之惡이어든 而尋己之惡이니
견 인 지 악   이 심 기 지 악

如此라야 方是有益이니라.
여 차   방 시 유 익

《성리서性理書》에 이르기를,

남의 착한 점을 보고서 나의 착한 것을 찾고, 남의 악한 것을 보고는 나의 악한 점을 찾을 것이니, 이와 같이 하여야 비로소 유익함이 있다.

尋 : 찾다	如此 : 이렇게 하다, 이와 같다	方是 : 비로소

《성리서性理書》

송나라 때 많이 지어진 성리학에 관한 책을 말한다. 성리학은 중국 송宋·명明나라 때 학자들에 의하여 성립된 학설로, 도학道學·이학理學·성명학性命學 또는 이것을 대성시킨 이의 이름을 따서 정주학程朱學이라고도 한다. 성리학은 이理·기氣의 개념을 구사하면서 우주의 생성과 구조, 인간 심성의 구조, 사회에서의 인간의 자세 등에 관하여 깊이 사색함으로써 한 · 당의 훈고학이 다루지 못하였던 형이상학적 · 내성적 · 실천철학적인 여러 분야에서 새로운 유학 사상을 수립하였다. 그 내용은 크게 나누어 태극설太極說 · 이기설理氣說 · 심성론心性論 · 성경론誠敬論으로 구별할 수 있다.

景行錄에 云,
경 행 록   운

大丈夫當容人이언정 無爲人所容이니라.
대 장 부 당 용 인   무 위 인 소 용

《경행록》에 이르기를,

대장부는 마땅히 남을 포용할지언정 남에게 포용되는 사람은 되지 말아야 한다.

容人 : 남을 포용하다   所容 : 남에게 포용되다

太公曰,
태 공 왈

勿以貴己而賤人하고 勿以自大而蔑小하고
물 이 귀 기 이 천 인   물 이 자 대 이 멸 소

勿以恃勇而輕敵하라.
물 이 시 용 이 경 적

태공이 말하였다.

"자기를 귀히 여김으로써 남을 천하게 여기지 말고, 자기를 크게 여겨 작은 사람을 업신여기지 말며, 용맹을 믿고서 적을 가벼이 여기지 말라."

貴己 : 자기를 귀히 여기다	賤人 : 남을 천하게 여기다
自大 : 자기를 크게 여기다	蔑小 : 작은 사람을 업신여기다
恃勇 : 용맹을 믿다	輕敵 : 적을 가벼이 여기다

4

馬援曰,
마 원 왈

聞人之過失이어든 如聞父母之名하여
문 인 지 과 실   여 문 부 모 지 명

耳可得聞이언정 口不可言也니라.
이 가 득 문   구 불 가 언 야

마원이 말하였다.

"남의 과실을 듣거든 내 부모의 이름을 들은 듯이 하여 귀로는 들을지언정 입으로는 말하지 말지니라."

過失 : 허물과 실수
如聞父母之名 : 부모의 이름을 듣는 것과 같이 한다.

5

康節邵先生曰,
강 절 소 선 생 왈

聞人之謗이라도 未嘗怒하며
문 인 지 방   미 상 노

聞人之譽라도 未嘗喜하며
문 인 지 예   미 상 희

聞人之惡이라도 未嘗和하며
문 인 지 악   미 상 화

聞人之善이면 則就而和之하고
문 인 지 선   즉 취 이 화 지

又從而喜之니라.
우 종 이 희 지

其詩에 曰, 樂見善人하고 樂聞善事하며
기 시   왈   낙 견 선 인   낙 문 선 사

樂道善言하고 樂行善意하라
낙 도 선 언   낙 행 선 의

聞人之惡이어든 如負芒刺하고
문 인 지 악   여 부 망 자

聞人之善이어든 如佩蘭蕙니라.
문 인 지 선   여 패 란 혜

강절 소선생이 말하였다.

"남이 나를 비방하여도 성내지 말며, 남이 나를 칭찬하여도 기뻐하지 말며, 남의 좋지 못한 소문을 듣더라도 이에 동조하지 말며, 남의 착한 일을 듣거든 곧 나아가 어울리고 또 따라 기뻐할지니라.”

또 시詩에 이렇게 썼다.

착한 사람 보기를 즐겨 하고

착한 일 듣기를 즐겨 하며

착한 말하기를 즐겨 하고

착한 뜻 행하기를 즐겨 하라.

남의 허물을 듣거든

가시를 등에 진 것과 같이 여기고,

남의 착한 점을 듣거든

난초와 혜초를 몸에 지닌 것과 같이 여겨라.

謗 : 비방	未嘗怒 : 성내는 일이 없다
譽 : 칭찬	和 : 동조하다
就 : 나아가다	芒刺 : 가시
佩 : 차다	蘭蕙 : 난초와 혜초

6

道吾善者는 是吾賊이요
도 오 선 자   시 오 적

道吾惡者는 是吾師이다.
도 오 악 자   시 오 사

나의 착한 점을 말해 주는 사람은 곧 내게 해로운 사람이요, 나의 나쁜 점을 말해 주는 사람은 곧 나의 스승이다.

道 : 말하다   吾賊 : 나의 적
吾師 : 나의 스승

太公曰,
태 공 왈

勤爲無價之寶요, 愼是護身之符니라.
근 위 무 가 지 보   신 시 호 신 지 부

태공이 말하였다.

"부지런함은 값을 매길 수 없을 만큼 귀한 보배요, 조심함은 몸을 지켜주는 신표이다."

勤 : 부지런함   無價之寶 : 값을 매길 수 없을 만큼 귀한 보배
愼 : 조심   護身之符 : 몸을 지켜주는 신표(부적)

景行錄에 曰,
경 행 록   왈

保生者는 寡慾하고 保身者는 避名이니
보 생 자   과 욕   보 신 자   피 명

無慾은 易나 無名은 難이니라.
무 욕 이 무 명 난

《경행록》에 이르기를,

　삶을 보전하려는 자는 욕심을 적게 하고, 몸을 보전하려는 자는 명예를 피해야 하니, 욕심을 없애기는 쉬우나 명예를 바라지 않기는 어렵다.

保生者 : 삶을 보전하려는 사람　　　寡慾 : 욕심을 적게 하다
避名 : 명예를 피하다

9

子曰,
자 왈

君子有三戒하니 少之時엔 血氣未定이라
군 자 유 삼 계 　 소 지 시 　 혈 기 미 정

戒之在色하고 及其長也하여는 血氣方剛이라
계 지 재 색 　 급 기 장 야 　 혈 기 방 강

戒之在鬪하고 及其老也하여는 血氣旣衰라
계 지 재 투 　 급 기 노 야 　 혈 기 기 쇠

戒之在得이니라.
계 지 재 득

　공자孔子께서 말씀하셨다.

"군자君子는 세 가지 경계할 것이 있으니, 어릴 때는 혈기가 성숙되지 않은지라 여색女色을 경계하고, 장성함에 이르러서는 혈기가 바야흐로 강성한지라 싸움을 경계하고, 몸이 늙음에 이르러서는 혈기가 이미 쇠한지라 탐욕을 경계해야 한다."

三戒 : 세 가지 경계할 것	色 : 여색
鬪 : 싸움	得 : 탐욕

孫眞人 養生銘에 云,
손 진 인 양 생 명 운

怒甚偏傷氣요 思多太損神이라
노 심 편 상 기 사 다 태 손 신

神疲心易役이요 氣弱病相因이라
신 피 심 이 역 기 약 병 상 인

勿使悲歡極하고 當令飮食均하며
물 사 비 환 극 당 령 음 식 균

再三防夜醉하고 第一戒晨嗔하라.
재 삼 방 야 취 제 일 계 신 진

손진인孫眞人의《양생명養生銘》에 이르기를,

성냄이 심하면 특히 기운을 상하고

생각이 많으면 크게 정신을 손상한다.

정신이 피로하면 마음이 지치기 쉽고

기운이 약해지면 병이 따라 생긴다.

슬퍼하고 기뻐하는 것을 지나치게 하지 말며

마땅히 음식을 고르게 먹어라.

밤에 술 취하는 것을 거듭 삼가고,

새벽에 성내는 것을 제일 경계하라.

傷氣 : 기운을 상하다	損神 : 정신을 손상하다
易役 : 쉽게 지치다	相因 : 서로 원인이다
勿使 : ~하게 하지 말라	極 : 지나치게
當令 : 마땅히 ~하게 하다	夜醉 : 밤에 술 취하다
晨嗔 : 새벽에 성내다	

손진인孫眞人

'진인' 이란 '도교에서 참된 삶을 깨달아 도를 얻은 사람' 을 말하며, 이름은 알려지지 않았다.

11

景行錄에 日,
경 행 록   왈

食淡精神爽이요 心淸夢寐安이니라.
식 담 정 신 상   심 청 몽 매 안

《경행록》에 이르기를,

음식이 담백하면 정신이 맑아질 것이요, 마음이 맑으면 꿈자리가 편안하다.

食淡 : 음식이 담백하다　　　　　　爽 : 상쾌하다

心淸 : 마음이 맑다　　　　　　　夢寐 : 꿈자리

12

定心應物하면 雖不讀書라도
정 심 응 물　　　수 불 독 서

可以爲有德君子니라.
가 이 위 유 덕 군 자

　마음을 안정시켜 사물을 마주할 수 있다면, 비록 배우지 않았더
라도 덕이 있는 군자라 할 수 있다.

定心 : 마음을 안정시키다　　　　應物 : 사물을 대하다

可以爲 : ~라고 할 수 있다

13

近思錄 云,
근 사 록　운

懲忿을 如救火하고 窒慾을 如防水하라.
징 분　여 구 화　　질 욕　여 방 수

　《근사록近思錄》에 이르기를,

　분노를 다스릴 때는 불을 끄듯이 하고, 욕심을 막을 때는 물을

막듯이 하라.

| 懲忿 : 분노를 징계하다 | 救火 : 불을 끄다 |
| 窒慾 : 욕심을 막다 | 防水 : 물을 막다 |

《근사록近思錄》

중국 송나라 때 신유학의 생활 및 학문 지침서이다. 1175년 주희와 여조겸이 주돈이·정호·정이·장재 등 네 학자의 글에서 학문의 중심 문제들과 일상생활에 요긴한 부분들을 뽑아 편집하였다. 제목의 '근사'는 논어의 '널리 배우고 뜻을 돈독히 하며, 절실하게 묻고 가까이 생각하면[切問而近思] 인仁은 그 가운데 있다.'는 구절에서 따온 것이다.

622조의 항목이 14권으로 분류되었는데, 각권의 편명은 도체道體·위학爲學·치지致知·존양存養·극기克己·가도家道·출처出處·치체治體·치법治法·정사政事·교학敎學·경계警戒·변이단辨異端·관성현觀聖賢으로 구성되어 있다.

14

夷堅志 云,
이 견 지 운

避色을 如避讐하고 避風을 如避箭하며
피색 여피수 피풍 여피전

莫喫空心茶하고 少食中夜飯하라.
막 끽 공 심 다 소 식 중 야 반

《이견지夷堅志》에 이르기를,

여색 피하기를 원수 피하듯이 하고, 바람 피하기를 화살 피하듯이 하며, 빈속에 차를 마시지 말고, 밤중에 밥을 적게 먹어라.

避色 : 여색을 피하다   喫 : 마시다   中夜 : 한밤중

《이견지夷堅志》
중국 송나라 때 홍매洪邁가 엮은 설화집으로, 송나라 초부터 그가 살던 당시까지 민간에서 일어난 이상한 사건이나 괴담을 모았다. 정사正史에는 없는 민간 사회상을 엿볼 수 있으며, 모두 420권이었으나 약 절반만이 후세에 전해진다.

荀子曰,
순 자 왈

無用之辯과 不急之察을 棄而勿治하라.
무 용 지 변   불 급 지 찰   기 이 물 치

순자荀子가 말하였다.

"쓸데없는 말이나 급하지 않은 일은 버려두고 다스리지 말라."

無用之辯 : 쓸데없는 말   不急之察 : 급하지 않은 일
棄 : 버리다

순자荀子(BC 298?~BC 238?)
중국 전국시대 말기의 사상가이며 조趙나라 사람이다. 성은 순荀이고 이름은 황況, 자는 경卿이다. 맹자의 성선설性善說을 비판하여 성악설性惡說을 주장했으며, 예禮를 강조하는 유학 사상을 발달시켰다. 순자는 스스로 공자를 추앙하는 유학자로 자처했고 공자의 제자인 자하子夏의 문인으로 알려져 있다.

子曰,
자 왈

衆好之라도 必察焉하며
중 호 지 　 필 찰 언

衆惡之라도 必察焉이니라.
중 오 지 　 필 찰 언

공자孔子께서 말씀하셨다.

"여러 사람이 좋아하더라도 반드시 살펴야 하며, 여러 사람이 미워하더라도 반드시 살펴야 한다."

| 好之 : 좋아하다 | 察焉 : 거기에서 살피다 | 惡之 : 미워하다 |

酒中不語는 眞君子요
주 중 불 어 　 진 군 자

財上分明은 大丈夫니라.
재 상 분 명 　 대 장 부

술 취한 중에도 말이 없음은 참다운 군자요, 재물에 대하여 태도가 분명한 것은 대장부이다.

| 財上 : 재물에 대하여 |

萬事從寬_{이면} 其福自厚_{니라.}
만 사 종 관 　 기 복 자 후

모든 일을 너그럽게 처리하면 그 복이 저절로 두터워진다.

從寬 : 너그러움을 따르다 　 自厚 : 저절로 두터워지다

太公曰,
태 공 왈

欲量他人_{이거든} 先須自量_{하라}
욕 량 타 인 　 선 수 자 량

傷人之語_는 還是自傷_{이니}
상 인 지 어 　 환 시 자 상

含血噴人_{이면} 先汚其口_{니라.}
함 혈 분 인 　 선 오 기 구

태공이 말하였다.

"타인을 헤아리고자 한다면 먼저 모름지기 스스로를 헤아려라.
남을 해치는 말은 도리어 스스로를 해치는 것이니, 피를 머금어
남에게 뿜으면 먼저 자기의 입이 더러워진다."

量 : 헤아리다 　 傷人之語 : 남을 해치는 말 　 還是 : 도리어

含 : 머금다 　　　　噴 : 뿜다 　　　　汚 : 더럽다

20

凡戱는 無益이요 惟勤이 有功이니라.
범 희　　무 익　　유 근　　유 공

모든 유희遊戱는 무익하고, 오직 부지런함이 공功이 있다.

戱 : 놀이 　　　　　　　　有功 : 공이 있다

21

太公曰,
태 공 왈

瓜田에 不納履하고 李下에 不整冠이니라.
과 전　불 납 리　　이 하　부 정 관

태공이 말하였다.
"남의 외밭을 지나갈 때는 짚신을 고쳐 신지 않고, 남의 오얏나무 아래에선 갓을 고쳐 쓰지 않는다."

瓜田 : 외밭 　　　　　　納履 : 신발을 고쳐 신다
李下 : 오얏나무 아래 　整冠 : 갓을 고쳐 쓰다

景行錄_에 曰,
경 행 록   왈

心可逸_{이언정} 形不可不勞_요
심 가 일   형 불 가 불 로

道可樂_{이언정} 身不可不憂_니
도 가 락   신 불 가 불 우

形不勞則怠惰易弊_{하고}
형 불 로 즉 태 타 이 폐

身不憂則荒淫不定_{이라}
신 불 우 즉 황 음 부 정

故_로 逸生於勞而常休_{하고}
고   일 생 어 로 이 상 휴

樂生於憂而無厭_{하나니}
락 생 어 우 이 무 염

逸樂者_는 憂勞_를 其可忘乎_{리오.}
일 락 자   우 로   기 가 망 호

《경행록》에 이르기를,

마음은 편안할지언정 육체는 수고롭게 해야 하고, 정신은 즐길지언정 몸은 걱정하게 해야 한다. 육체가 수고롭지 않으면 게을러져서 허물어지기 쉽고, 몸이 걱정하지 않으면 주색酒色에 빠져서 안정되지 못한다. 그러므로 편안함은 수고로움에서 생겨 항상 기쁘고 즐거움은 근심에서 생겨 싫증이 없나니, 편안하고 즐거워하는 사람은 근심과 수고로움을 어찌 잊을 수 있겠는가!

逸 : 편안하다	勞 : 수고롭다
怠惰 : 몹시 게으르다	易弊 : 허물어지기 쉽다
荒淫 : 음탕한 짓에 빠지다	常休 : 항상 좋다
無厭 : 싫지 않다	其可忘乎 : 어찌 잊을 수 있겠는가

耳不聞人之非하고 目不視人之短하며
이 불 문 인 지 비   목 불 시 인 지 단

口不言人之過라야 庶幾君子니라.
구 불 언 인 지 과   서 기 군 자

　귀로는 남의 나쁜 것을 듣지 않고, 눈으로는 남의 단점을 보지 않으며, 입으로는 남의 허물을 말하지 않아야 거의 군자에 가깝다.

人之非 : 남의 나쁜 것	人之短 : 남의 단점
人之過 : 남의 허물	庶幾 : 거의 ~에 가깝다

蔡伯喈曰, 喜怒는 在心하고
채 백 개 왈 희 노 재 심

言出於口하나니 不可不愼이니라.
언 출 어 구 불 가 불 신

채백개蔡伯喈가 말하였다.

"기뻐하고 노여워하는 것은 마음속에 있고, 말은 입 밖으로 나가는 것이니 삼가지 않으면 안 된다."

喜怒 : 기쁨과 노여움

不可不慎 : 삼가지 않으면 안 된다, 조심해야 한다

채백개蔡伯喈(132~192)

중국 후한의 학자이자 문인이며 서예가이다. 이름은 옹邕이고, 백개는 그의 자다. 젊어서부터 박학하기로 이름이 높았고 문장에 뛰어났다. 175년 제경諸經의 문자평정文字平定을 주청하여 스스로 써서 돌에 새긴 후 태학太學의 문 밖에 세웠다. 이것이 '희평석경熹平石經'이다. 189년 동탁에게 발탁되어 시어사, 시중에서 좌중랑장까지 승급하였으나 동탁이 벌을 받고 죽임을 당한 후 투옥되어 옥중에서 사망하였다. 조정의 제도와 칭호에 대하여 기록한 《독단獨斷》, 시문집 《채중랑집蔡中郎集》이 있다. 또 비백체飛白體를 창시하였다.

25

宰予晝寢이어늘 子曰, 朽木은 不可雕也요
재 여 주 침　　자 왈 후 목　불 가 조 야

糞土之墻은 不可圬也니라.
분 토 지 장　불 가 오 야

재여宰予가 낮잠을 자거늘, 공자께서 말씀하셨다.

"썩은 나무에는 조각할 수 없고, 썩은 흙으로 만든 담은 흙손질을 하지 못한다."

晝寢 : 낮잠 자다	朽木 : 썩은 나무
雕 : 조각하다	糞土 : 썩은 흙
圬 : 벽에 흙을 바르다, 흙손질	

재여宰予(BC 522~BC 458)

춘추시대 말기 노나라 사람. 자는 자아子我 또는 재아宰我라 했다. 공자의 제자로 언어에 뛰어났다. 일찍이 제齊나라에서 벼슬하여 임치대부가 되었다. 공자가 3년상을 지내도록 한 것에 대해 이의를 제기해 공자로부터 불인不仁하다는 비난을 들었다. 공문십철孔門十哲(공자의 뛰어난 열 명의 제자) 중 한 사람이다.

26

紫虛元君 誠諭心文에 曰,
자 허 원 군　성 유 심 문　　왈

福生於淸儉하고 德生於卑退하고
복 생 어 청 검　　　　덕 생 어 비 퇴

道生於安靜하고 命生於和暢하니라
도 생 어 안 정　　　　명 생 어 화 창

患生於多慾하고 禍生於多貪하고
환 생 어 다 욕　　　　화 생 어 다 탐

過生於輕慢하고 罪生於不仁이니라
과 생 어 경 만　　　　죄 생 어 불 인

戒眼하여 莫看他非하고 戒口하여
계 안　　　막 간 타 비　　　계 구

莫談他短하고 戒心하여
막 담 타 단　　　계 심

莫自貪嗔하고 戒身하여 莫隨惡伴하라
막 자 탐 진　　계 신　　막 수 악 반

無益之言을 莫妄說하고
무 익 지 언　　막 망 설

不干己事를 莫妄爲하라
불 간 기 사　　막 망 위

尊君王孝父母하며 敬尊長奉有德하고
존 군 왕 효 부 모　　경 존 장 봉 유 덕

別賢愚恕無識하며 物順來而勿拒하고
별 현 우 서 무 식　　물 순 래 이 물 거

物旣去而勿追하며 身未遇而勿望하고
물 기 거 이 물 추　　신 미 우 이 물 망

事已過而勿思하라 聰明도 多暗昧요
사 이 과 이 물 사　　총 명　　다 암 매

算計도 失便宜니라 損人終自失이요
산 계　　실 편 의　　손 인 종 자 실

依勢禍相隨라 戒之在心하고 守之在氣라
의 세 화 상 수　　계 지 재 심　　수 지 재 기

爲不節而亡家하고 因不廉而失位니라
위 부 절 이 망 가　　인 불 염 이 실 위

勸君自警於平生하노니 可歎可驚而可畏니라
권 군 자 경 어 평 생　　가 탄 가 경 이 가 외

上臨之以天鑑하고 下察之以地祇라
상 임 지 이 천 감　　하 찰 지 이 지 기

明有三法相繼하고 暗有鬼神相隨라
명 유 삼 법 상 계　　　암 유 귀 신 상 수

惟正可守요 心不可欺니 戒之戒之하라.
유 정 가 수　심 불 가 기　　계 지 계 지

자허원군紫虛元君의《성유심문誠諭心文》에 이르기를,

복은 맑고 검소함에서 생기고, 덕은 자기를 낮추고 겸손한 데서
생기며, 도는 안정에서 생기고, 생명은 화창한 데서 생긴다. 근심은
욕심이 많은 데서 생기고, 재앙은 탐욕이 많은 데서 생기며, 과실
은 경솔하고 교만한 데서 생기고, 죄악은 어질지 못한 데서 생긴다.

눈을 경계하여 다른 사람의 그릇된 것을 보지 말고, 입을 경계
하여 다른 사람의 결점을 말하지 말고, 마음을 경계하여 스스로
탐내고 성내지 말고, 몸을 경계하여 나쁜 벗을 따르지 말며, 유익
하지 않은 말은 함부로 하지 말고, 나에게 관련 없는 일은 함부로
하지 말라.

임금을 높이고 부모에게 효도하며, 존장尊長을 존경하고 덕이
있는 사람을 받들며, 어진 사람과 어리석은 사람을 분별하고 무
식한 사람을 용서하라. 일이 순리로 오거든 물리치지 말고, 일이
이미 지나갔거든 뒤쫓지 말며, 몸이 아직 때를 만나지 않았거든
원망하지 말고, 일이 이미 지나갔거든 생각하지 마라.

총명한 사람도 어두운 때가 많고, 계산도 편의를 잃는 수가 있
다. 남을 손상하면 마침내 자기도 손실을 입을 것이요, 세력에 의
존하면 재앙이 서로 따른다. 경계할 것은 마음에 있고, 지킬 것은

기운에 있다. 절약하지 않음으로써 집을 망치고 청렴하지 않으로써 지위를 잃는다.

그대에게 평생을 두고 스스로 경계할 것을 권고하노니, 탄식할 만하고 놀랄 만하고 두려워할 만하다. 위에는 하늘의 거울이 그대를 굽어보고, 아래에는 땅의 신령이 그대를 살피고 있다. 밝은 곳에는 삼법三法이 서로 이어져 있고, 어두운 곳에는 귀신이 서로 따르고 있다. 오직 바른 것을 지켜야 하고 마음을 속여서는 안 되니, 경계하고 경계하라.

淸儉 : 청렴과 검소	卑退 : 낮춤과 겸손
輕慢 : 경솔하고 교만함	不干己事 : 나와 관련 없는 일
順來 : 순리로 오다	未遇 : 때를 만나지 못하다
算計 : 잘 세운 계획	相隨 : 서로 따르다
天鑑 : 하늘의 거울	地祇 : 땅의 신령

자허원군紫虛元君

자허원군은 도가道家에서 받드는 여자 선인仙人을 가리킨다. 자허紫虛는 하늘을 말하는데 운하雲霞(구름과 안개 또는 구름과 노을)가 햇빛에 비치어 자색紫色이 되기 때문에 도가에서 신선세계를 이렇게 표현한다. 남자 신선은 진인眞人이라 하고, 여자 신선은 원군元君이라 한다.

일설에 공자의 유일한 여제자인 등선자登仙者를 자허원군이라 한다고 전하고 있으나, 72제자 중에는 자허원군에 대한 말이 없다. 공자의 제자가 3천여 명에 이른다 하였으니 여제자가 있을 수도 있겠으나, 공신력 있는 역사서에서는 기록이 없다. 등선자라는 말 자체가 도가에서 '신선에 오른 사람'이라는 의미이다.

 安分篇 안분편

분수대로 살아라

 1

景行錄에 云,
경 행 록   운

知足可樂이나 務貪則憂니라.
지 족 가 락   무 탐 즉 우

《경행록》에 이르기를,

만족할 줄 알면 즐거울 수 있으나, 탐욕에 힘쓰면 근심하게 된다.

知足 : 만족할 줄 안다   務貪 : 탐욕에 힘쓰다

 2

知足者는 貧賤亦樂하고
지 족 자   빈 천 역 락

不知足者는 富貴亦憂니라.
부 지 족 자   부 귀 역 우

만족할 줄 아는 사람은 가난하고 천하여도 즐거울 것이고, 만족할 줄 모르는 사람은 부富하고 귀貴해졌어도 근심스럽기만 하다.

知足者 : 만족할 줄 아는 사람   貧賤 : 가난하고 천하다

3

濫想은 徒傷神이요 妄動은 反致禍니라.
남 상　도 상 신　망 동　반 치 화

　지나친 생각은 오직 정신을 상하게 할 뿐이요, 망령된 행동은
도리어 재앙을 부른다.

濫想 : 지나친 생각　　　妄動 : 망령된 행동　　　致禍 : 재앙을 부른다

4

知足常足이면 終身不辱하고
지 족 상 족　　종 신 불 욕

知止常止면 終身無恥니라.
지 지 상 지　　종 신 무 치

　만족할 줄 알아 늘 만족스러워하면 평생 욕되지 아니하고, 그칠
줄을 알아 늘 멈추면 평생 부끄러움이 없을 것이다.

知足 : 만족할 줄 안다　　　知止 : 그칠 줄 안다　　　無恥 : 부끄러움이 없다

5

書經에 曰,
서 경　왈

滿招損하고 謙受益이니라.
만 초 손　　　 겸 수 익

《서경書經》에 이르기를,

가득 차면 손실을 부르고 겸손하면 이익을 얻는다.

滿 : 가득 차다	招 : 부르다	損 : 손해를 보다, 덜다
謙 : 겸손하다	受 : 얻다	益 : 더하다

《서경書經》

유교의 오경五經 중 하나. 58편編이며, 상서尚書라고도 한다. 상서는 상고上古의 책으로 숭상해야 한다는 뜻이며, 고대의 사적史的 사실이나 사상을 아는데 중요한 책이다. 당시의 사관과 사신이 기록한 것을 공자가 편찬했다고 한다. 당초에는 100편이었다고 하나, 진시황제의 분서焚書로 흩어져 일부가 없어진 후 한나라 문제 때 복생이 구승口承한 것을 당시 통용되던 예서로 베껴《금문상서》라고 한다. 그 후 경제 때 노나라의 공왕이 공자의 구택을 부수고 발견한 진晉나라의 문자로 쓰인 것을《고문상서古文尚書》라고 한다.《고문상서》는 일찍 없어지고 현재는 동진東晉의 매색이 원제元帝에게 바친《위고문상서僞古文尚書》가《금문상서今文尚書》와 함께 보급되었다.

6

安分吟에 曰,
안 분 음　　왈

安分身無辱이요 知幾心自閑이라
안 분 신 무 욕　　　 지 기 심 자 한

雖居人世上이나 却是出人間이니라.
수 거 인 세 상　　각 시 출 인 간

〈안분음安分吟〉에 이르기를,

분수에 만족하면 몸에 욕됨이 없을 것이요, 기미를 알면 마음이 저절로 한가할 것이다. 비록 인간 세상에 살더라도 도리어 인간 세상을 벗어나야 하느니라.

安分 : 편안한 마음으로 분수를 지키다
知幾 : 조짐을 알다　　　　　却是 : 도리어

〈안분음安分吟〉
│ 송나라 소옹[소강절]이 지은 시집인 《격양집》에 실린 시로, 〈격양시〉라고도 한다.

子曰,
자 왈

不在其位면 不謀其政이니라.
부 재 기 위　　불 모 기 정

공자孔子께서 말씀하셨다.

"그 지위에 있지 않으면 그 정사政事를 도모하지 말라."

其位 : 그 지위　　　　　　謀 : 도모하다

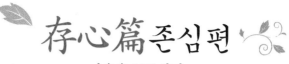

存心篇 존심편

마음을 보존하라

景行錄에 **云,**
경 행 록   운

坐密室을 **如通衢**하고
좌 밀 실   여 통 구

馭寸心을 **如六馬**면 **可免過**니라.
어 촌 심   여 육 마   가 면 과

《경행록》에 이르기를,

밀실에 앉아 있어도 마치 네거리에 앉은 것처럼 여기고, 작은 마음 제어하기를 마치 여섯 필의 말을 부리듯 하면 허물을 면할 수 있다.

通衢 : 사방으로 통하여 왕래가 잦은 거리

馭 : 말을 부리다 　　　　　　　　免過 : 허물을 면하다

擊壤詩에 **云,**
격 양 시   운

富貴를 **如將智力求**면 **仲尼年少合封侯**라
부 귀   여 장 지 력 구   중 니 연 소 합 봉 후

世人不解靑天意하고 空使身心半夜愁니라.
세 인 불 해 청 천 의　　공 사 신 심 반 야 수

〈격양시擊壤詩〉에 이르기를,

　부귀를 만약 지혜와 힘으로 구할 수 있다면, 중니[孔子]도 젊은
나이에 제후에 봉해졌을 것이다. 세상 사람들은 푸른 하늘의 뜻을
알지 못하고, 부질없이 한밤중까지 몸과 마음으로 근심만 한다.

力求 : 힘으로 구하다	封侯 : 제후에 봉하다
不解 : 이해하지 못하다	靑天 : 푸른 하늘
空 : 부질없이, 헛되이	半夜 : 한밤중
使身心愁 : 몸과 마음으로 근심만 한다	

3

范忠宣公이 戒子弟曰,
범 충 선 공　　계 자 제 왈

人雖至愚나 責人則明하고
인 수 지 우　　책 인 즉 명

雖有聰明이나 恕己則昏이니
수 유 총 명　　서 기 즉 혼

爾曹는 但當以責人之心으로 責己하고
이 조　　단 당 이 책 인 지 심　　책 기

恕己之心으로 恕人이면
서 기 지 심　　서 인

則不患不到聖賢地位也니라.
즉 불 환 부 도 성 현 지 위 야

범충선공范忠宣公이 자제를 경계하여 말하였다.

"사람이 비록 어리석을지라도 남을 꾸짖는 데엔 밝고, 비록 총명함이 있다 해도 자기를 용서하는 데엔 어둡다. 너희들은 항상 남을 꾸짖는 마음으로 자기를 꾸짖고, 자기를 용서하는 마음으로 남을 용서한다면, 성현의 경지에 이르지 못함을 근심할 것이 없다."

責人 : 남을 책망하다	恕己 : 자기를 용서하다
爾曹 : 너희들	不患不到 : 이르지 못함을 근심할 것이 없다

범충선공范忠宣公(1027~1101)

중국 북송 철종 때의 이름난 재상으로 성이 범范, 이름은 순인純仁, 자는 요부堯夫, 충선은 그의 시호이다. 범중엄의 둘째 아들이며, 왕안석 변법의 부당성에 대해 격렬하게 비판하다가 하중부지주로 쫓겨났다. 가학家學을 이어받고 호원, 손복의 학문을 계승했다. 저서에 《범충선문집范忠宣文集》이 있다.

4

子曰,
자 왈

聰明思睿라도 守之以愚하고
총 명 사 예　　　수 지 이 우

功被天下라도 守之以讓하고
공 피 천 하　　　수 지 이 양

勇力振世_{라도} 守之以怯_{하고}
용 력 진 세   수 지 이 겁

富有四海_{라도} 守之以謙_{이니라.}
부 유 사 해   수 지 이 겸

공자孔子께서 말씀하셨다.

"총명하고 생각이 밝더라도 자신의 어리석음으로써 지키고, 공이 천하를 덮을 만하더라도 겸양으로써 지키고, 용맹을 세상에 떨쳤다 해도 겁냄으로써 지키고, 온 세상을 차지할 정도의 부자라도 겸손으로써 지켜야 하느니라."

| 思睿 : 생각이 뛰어나다 | 守之 : 지키다 | 被 : 입다, 씌우다, 덮다 |
| 振世 : 세상에 떨치다 | 四海 : 온 세상 | |

5

素書_에 云,
소 서   운

薄施厚望者_는 不報_{하고}
박 시 후 망 자   불 보

貴而忘賤者_는 不久_{니라.}
귀 이 망 천 자   불 구

《소서素書》에 이르기를,

조금 베풀고 크게 바라는 사람에게는 보답이 없고, 몸이 귀하게 되어 천했던 때를 잊은 자는 오래가지 못한다.

薄施 : 조금 베풀다	厚望 : 크게 바라다
忘賤 : 천했던 때를 잊다	不久 : 오래가지 못한다

《소서素書》
중국 진나라 말기의 군사이론가 황석공이 장량에게 주었다는 비결秘訣과 병서
兵書.〈원시原始〉,〈정도正道〉,〈구인지지求人之志〉,〈본덕종도本德宗道〉,〈준의
遵義〉,〈안례女禮〉의 6편으로 구성되어 있다.

施恩이어든 勿求報하고 與人이어든 勿追悔하라.
시 은　　　물 구 보　　　여 인　　　물 추 회

　은혜를 베풀었다면 보답을 구하지 말고, 남에게 주었거든 나중
에 후회하지 말라.

施恩 : 은혜를 베풀다	與人 : 남에게 주다	追悔 : 후회하다

孫思邈曰,
손 사 막 왈

膽欲大而心欲小하고 知欲圓而行欲方이니라.
담 욕 대 이 심 욕 소　　　지 욕 원 이 행 욕 방

손사막孫思邈이 말하였다.

"담력은 크고자 하되 마음가짐은 섬세하게 하고, 지혜는 원만하고자 하되 행동은 방정해야 한다."

膽 : 담력	心 : 마음가짐
知 : 지혜, 앎	行 : 행동, 실천

손사막 孫思邈(581~682)

중국 초당初唐의 명의. 어릴 때부터 독서를 즐기며 노장백가老莊百家의 설설에 조예가 깊었다. 수나라의 문제, 당나라 태종, 고종 등에게 자주 부름을 받았으나 모두 사양하고 벼슬을 받지 않았다. 명산에 은퇴하여 저작에만 몰두하여 의서醫書 이외에 많은 책을 저작하였다. 또한 불교와 도교도 연구하였다고 한다. 당나라 시대의 대표적 의서인 《비급천금요방備急千金要方》(추정연대 650~659) 30권과 《천금익방千金翼方》 30권이 그의 저작으로 전해지고 있으며, 그 속에서 의가醫家의 윤리를 논설하고 있는 점이 특히 주목된다.

8

念念要如臨戰日하고 心心常似過橋時니라.
염 념 요 여 임 전 일　　심 심 상 사 과 교 시

생각과 생각은 싸움터에 나가는 날처럼 임해야 하고, 마음과 마음은 늘 다리를 건널 때와 같이 해야 하느니라.

念念 : 생각과 생각	要 : 해야 한다
臨戰 : 전쟁에 임하다	過橋 : 다리를 건너다

懼法朝朝樂이요 欺公日日憂니라.
구 법 조 조 락　기 공 일 일 우

　법을 두려워하면 아침마다 즐거울 것이요, 공정함을 속이면 날마다 근심한다.

懼法 : 법을 두려워하다　　　　欺公 : 공정함을 속이다

朱文公曰, 守口如瓶하고 防意如城하라.
주 문 공 왈　수 구 여 병　　방 의 여 성

　주문공朱文公[朱子]이 말하였다.
　"입을 지키기를 병마개를 막는 것과 같이 하고, 생각(욕심) 지키기를 성을 지키는 것처럼 하라."

守口 : 입을 지키다　　　　如瓶 : 병마개를 막는 것과 같이 하다
防意 : 생각(욕심)을 지키다　　如城 : 성을 지키는 것처럼 하다

주문공 朱文公[朱子](1130~1200)

　중국 남송의 유학자로 주자학을 집대성하였다. 자는 원회元晦, 중회仲晦. 호는
　회암晦庵, 회옹晦翁, 운곡산인雲谷山人, 둔옹遯翁. 이름은 희熹이다. 그는 우주가
　형이상학적인 '이理'와 형이하학적인 '기氣'로 구성되어 있으며, 인간에게는 선
　한 '이'가 본성으로 나타나지만 불순한 '기' 때문에 악하게 되며 '격물' 格物로
　이 불순함을 제거할 수 있다고 하였다.

11

心不負人이면 面無慙色이니라.
심 불 부 인　　　면 무 참 색

마음이 남을 저버리지 않았으면 얼굴에 부끄러운 빛(기색)이 없다.

負人 : 남을 저버리다　　　　　　慙色 : 부끄러운 빛(기색)

12

人無百歲人이나 枉作千年計니라.
인 무 백 세 인　　　왕 작 천 년 계

사람은 백 살을 사는 사람이 없건만(드물지만) 부질없이 천 년의 계획을 세운다.

枉 : 부질없이, 헛되이

13

寇萊公六悔銘에 云,
구 래 공 육 회 명　　운

官行私曲失時悔하고 富不儉用貧時悔니라
관 행 사 곡 실 시 회　　부 불 검 용 빈 시 회

藝不少學過時悔하고 見事不學用時悔니라
예 불 소 학 과 시 회　　견 사 불 학 용 시 회

醉後狂言醒時悔하고 安不將息病時悔니라.
취 후 광 언 성 시 회   안 부 장 식 병 시 회

구래공寇萊公이 〈육회명六悔銘〉에 이르기를,

관직에 있을 때 불공평하고 바르지 아니한 일을 행하면 벼슬을
잃을 때 후회하고,

부유했을 때 검소하게 아껴 쓰지 않으면 가난해졌을 때 후회한다.

재주는 어렸을 때 배우지 않으면 시기가 지났을 때 후회하고,

일을 보고 배우지 않으면 필요할 때 후회한다.

술에 취했을 때 함부로 말하면 깨어났을 때 후회하고,

몸이 편안할 때 휴식을 취하지 않으면 병이 들었을 때 후회한다.

六悔銘 : 여섯 가지 후회할 일을 경계하는 글	官行 : 관직에 있다
私曲 : 불공평하고 바르지 아니하다	儉用 : 검소하게 아껴 쓰
藝 : 재주, 기예, 기술	狂言 : 미치광이 말
醒 : 술이 깨다	將息 : 휴식을 취하다

구래공 寇萊公(961~1023)

중국 북송 초의 정치가 겸 시인. 이름은 준準, 자는 평중平仲, 시호는 충민忠愍이
다. 979년(태평흥국4) 진사에 급제, 대리평사·추밀원직학사·염철판관 등을
역임하고 태종의 두터운 신임을 받았으나, 지나치게 강직하였기 때문에 지방으
로 좌천되었다. 진종 즉위 후 중앙에 복귀하였으며, 1004년(경덕1) 재상이 되어
거란의 침입 때 많은 공을 세웠다. 그후 내국공萊國公에 봉해져 구래공寇萊公이
라고 불렸다. 그러나 다시 좌천되어 호남성인 형주의 사마司馬로 있다가 죽었
다. 시인으로서는 자연의 애수를 읊은 시가 많았으며, 시집으로《구충민공시집
寇忠愍公詩集》이 있다.

益智書_에 云,
익 지 서   운

寧無事而家貧_{이언정} 莫有事而家富_요
영 무 사 이 가 빈   막 유 사 이 가 부

寧無事而住茅屋_{이언정} 不有事而住金屋_{이요}
영 무 사 이 주 모 옥   불 유 사 이 주 금 옥

寧無病而食麤飯_{이언정}
영 무 병 이 식 추 반

不有病而服良藥_{이니라.}
불 유 병 이 복 양 약

《익지서益智書》에 이르기를,

차라리 아무 사고 없이 집이 가난할지언정

사고 있으면서 집이 부유하지 말 것이요,

차라리 사고 없이 초가집에서 살지언정

사고 있으면서 좋은 집에 살지 말 것이요,

차라리 병이 없이 거친 밥을 먹을지언정

병이 있으면서 좋은 약을 먹지 말 것이다.

寧~ 莫~ : ~할지언정 ~하지 말라	茅屋 : 초가집
麤飯 : 거친 밥	良藥 : 좋은 약

心安茅屋穩이요 性定菜羹香이니라.
심 안 모 옥 온 　 성 정 채 갱 향

마음이 편안하면 초가집도 편안하고,
성품이 안정되면 나물국도 향기롭다.

穩 : 편안하다	菜羹 : 나물국

景行錄에 云,
경 행 록 　 운

責人者는 不全交요 自恕者는 不改過니라.
책 인 자 　 부 전 교 　 자 서 자 　 불 개 과

《경행록》에 이르기를,
　남을 꾸짖는 자는 사귐을 온전히 할 수 없고, 자기를 용서하는
사람은 허물을 고치지 못한다.

全交 : 온전하게 사귀다	改過 : 허물을 고치다

夙興夜寐하여 所思忠孝者는
숙 흥 야 매　　　소 사 충 효 자

人不知나 天必知之요
인 부 지　　천 필 지 지

飽食煖衣하여 怡然自衛者는
포 식 난 의　　이 연 자 위 자

身雖安이나 其如子孫何오.
신 수 안　　기 여 자 손 하

　아침 일찍 일어나면서부터 밤늦게 잠들 때까지 충성과 효도를
생각하는 사람은 남이 알아주지 않더라도 하늘이 반드시 알아줄
것이요, 배부르게 먹고 따뜻하게 입어 편안하게 제 몸만 지키는
사람은 몸은 비록 편안하겠지만 그 자손은 어찌 될 것인가?

夙興 : 일찍 일어나다	夜寐 : 늦게 자다
飽食煖衣 : 배부르게 먹고 따뜻하게 입다	
怡然 : 기쁘고 좋다, 즐겁게, 편안한 모양	
自衛 : 자신을 지키다	其如~何 : ~은 어찌 되겠는가

以愛妻子之心으로 事親이면 則曲盡其孝요
이 애 처 자 지 심　　사 친　　즉 곡 진 기 효

以保富貴之心으로 奉君이면 則無往不忠이요
이 보 부 귀 지 심　　봉 군　　즉 무 왕 불 충

以責人之心으로 責己면 則寡過요
이 책 인 지 심   책 기   즉 과 과

以恕己之心으로 恕人이면 則全交니라.
이 서 기 지 심   서 인   즉 전 교

　아내와 자식을 사랑하는 마음으로 어버이를 섬긴다면 그 효도
가 극진할 것이요, 부귀를 보전하려는 마음으로 임금을 받든다면
어느 곳에 간들 충성하지 않음이 없을 것이요, 남을 책망하는 마
음으로 자기를 책망하면 허물이 적을 것이요, 자기를 용서하는
마음으로 남을 용서한다면 사귐을 온전히 할 수 있을 것이다.

事親 : 어버이를 섬기다　　　　　曲盡 : 마음과 정성이 지극하다
無往不忠 : 가는 곳마다 충성하지 않음이 없다, 어디를 가더라도 충성한다
寡過 : 허물이 적다

19

爾謀不臧이면 悔之何及이며
이 모 부 장   회 지 하 급

爾見不長이면 敎之何益이리오
이 견 부 장   교 지 하 익

利心專則背道요 私意確則滅公이니라.
이 심 전 즉 배 도   사 의 확 즉 멸 공

　너의 꾀가 옳지 못하면 후회한들 무슨 소용이 있겠으며, 너의

소견이 바르지 못하면 가르친들 무슨 보탬이 있으리오. 자신의
이익만 생각하면 도리에 어긋나고, 사사로운 생각이 굳어지면 공
정함을 해치게 된다.

爾謀 : 너의 꾀	不臧 : 옳지 못하다
何及 : 어찌 미치겠는가	背道 : 도리를 어기다
確 : 확고하다, 굳다	滅公 : 공정함을 해치다

生事事生이요 省事事省이니라.
생 사 사 생   생 사 사 생

일을 만들면 일이 생기고, 일을 덜면 일이 줄어든다.

生事 : 일을 만들다	事生 : 일이 생기다
省事 : 일을 덜다	事省 : 일이 줄다

戒性篇 계성편
성품을 경계하라

1

景行錄에 云,
경 행 록   운

人性이 如水하여 水一傾則不可復이요
인 성 여 수   수 일 경 즉 불 가 복

性一縱則不可反이니 制水者는 必以堤防하고
성 일 종 즉 불 가 반   제 수 자   필 이 제 방

制性者는 必以禮法이니라.
제 성 자   필 이 예 법

《경행록》에 이르기를,

사람의 성품은 물과 같아서 물이 한 번 기울어지면 다시 되돌려 담을 수 없고, 성품이 한 번 방종해지면 돌이킬 수 없으니, 물을 제어하려는 자는 반드시 제방堤防으로써 하고, 성품을 제어하려는 자는 반드시 예법으로써 해야 한다.

人性 : 사람의 성품	如水 : 물과 같다
不可復 : 되돌려 담을 수 없다	縱 : 방종하다, 제멋대로 하다
制水 : 물을 제어하다	制性 : 성품을 제어하다

2

忍一時之忿이면 免百日之憂니라.
인 일 시 지 분　　면 백 일 지 우

한때의 분함을 참으면 백일의 근심을 면할 수 있다.

3

得忍且忍이요 得戒且戒하라
득 인 차 인　　득 계 차 계

不忍不戒면 小事成大니라.
불 인 불 계　　소 사 성 대

참을 수 있으면 우선 참고, 경계할 수 있으면 우선 경계하라.

참지 않고 경계하지 않으면 작은 일이 커지게 된다.

得忍 : 참음을 얻다　　　　　　得戒 : 경계함을 얻다

4

愚濁生嗔怒는 皆因理不通이라
우 탁 생 진 노　　개 인 리 불 통

休添心上火하고 只作耳邊風하라
휴 첨 심 상 화　　지 작 이 변 풍

長短은 家家有요 炎凉은 處處同이라
장 단　 가 가 유　 염 량　 처 처 동

是非無實相하여 究竟摠成空이니라.
시 비 무 실 상　　구 경 총 성 공

　어리석고 흐린(탁한) 자가 성을 내는 것은 다 이치를 알지 못하기 때문이다. 마음 위에 화를 더하지 말고 다만 귓가를 스치는 바람결로 여겨라.

　장점과 단점은 집집마다 있고 덥고 서늘한 것은 곳곳마다 같다. 옳고 그름이란 본래 실상이 없어서 마침내는 모두 헛것이 된다.

愚濁 : 어리석고 흐리다, 탁하다　嗔怒 : 크게 화내다　休添 : 더하지 말라
耳邊 : 귓가　　　　炎凉 : 덥고 서늘한 것　　　　無實相 : 실상이 없다
究竟 : 마침내　　　摠 : 모두　　　成空 : 비게 된다, 헛것이다, 부질없다

5

子張이 欲行에 辭於夫子하며
자 장 　욕 행　사 어 부 자

願賜一言爲修身之美하노이다.
원 사 일 언 위 수 신 지 미

子曰, 百行之本이 忍之爲上이니라.
자 왈 백 행 지 본　인 지 위 상

子張曰, 何爲忍之닛고
자 장 왈　하 위 인 지

子曰, 天子忍之면 國無害하고 諸侯忍之면
자 왈 천 자 인 지　국 무 해　제 후 인 지

成其大하고 官吏忍之면 進其位하고
성 기 대 　 관 리 인 지 　 진 기 위

兄弟忍之면 家富貴하고 夫妻忍之면
형 제 인 지 　 가 부 귀 　 부 처 인 지

終其世하고 朋友忍之면 名不廢하고
종 기 세 　 붕 우 인 지 　 명 불 폐

自身忍之면 無禍害니라.
자 신 인 지 　 무 화 해

子張曰, 不忍則如何닛고
자 장 왈 　 불 인 즉 여 하

子曰, 天子不忍이면 國空虛하고
자 왈 　 천 자 불 인 　 국 공 허

諸侯不忍이면 喪其軀하고 官吏不忍이면
제 후 불 인 　 상 기 구 　 관 리 불 인

刑法誅하고 兄弟不忍이면 各分居하고
형 법 주 　 형 제 불 인 　 각 분 거

夫妻不忍이면 令子孤하고 朋友不忍이면
부 처 불 인 　 영 자 고 　 붕 우 불 인

情意疎하고 自身不忍이면 患不除니라.
정 의 소 　 자 신 불 인 　 환 부 제

子張曰, 善哉善哉라 難忍難忍이로다
자 장 왈 　 선 재 선 재 　 난 인 난 인

非人不忍이요 不忍非人이로다.
비 인 불 인 　 불 인 비 인

자장子張이 장차 길을 떠나고자 함에 공자孔子께 하직을 고하면서 말하기를, "원컨대 한 마디 말로 몸을 닦는데 가장 아름다운 것을 말씀해 주시기 바랍니다."

공자께서 말씀하셨다.

"모든 행실의 근본은 참는 것이 그 으뜸이 된다."

자장子張이 다시 물었다. "참는다는 것은 무엇입니까?"

공자께서 말씀하셨다.

"천자가 참으면 나라에 해害가 없을 것이고, 제후가 참으면 자기가 다스리는 땅이 커질 것이고, 벼슬아치가 참으면 그 지위가 올라갈 것이고, 형제들이 참으면 집안이 부귀해질 것이고, 부부가 참으면 일생을 함께 해로할 것이고, 친구끼리 참으면 상대방의 명예를 잃지 않을 것이고, 자신이 참으면 재앙이 없을 것이다."

자장이 다시 물었다. "참지 않으면 어떻게 됩니까?"

공자께서 말씀하셨다.

"천자가 참지 않으면 나라가 황폐해질 것이고, 제후가 참지 않으면 그 몸마저 잃게 될 것이고, 벼슬아치가 참지 않으면 형법에 의하여 죽게 될 것이고, 형제가 참지 않으면 각각 헤어져서 따로 살게 될 것이고, 부부가 참지 않으면 자식을 외롭게 할 것이고, 친구끼리 참지 않으면 우정이 소원해질 것이고, 자신이 참지 않으면 근심이 없어지지 않을 것이다."

자장이 감탄하며 말하였다. "좋고도 좋으신 말씀입니다. 참는 것이 참으로 어렵고 또 어려운 것이로군요. 사람이 아니면 참지 못할 것이요, 또한 참지 못하면 사람이 아닙니다."

願賜 : 내려주길 원하다	百行之本 : 모든 행실의 근본
終其世 : 일생을 함께하다	名不廢 : 명예를 잃지 않는다
如何 : 어떠한가	各分居 : 각각 헤어져서 따로 살다
情意疎 : 우정이 소원해지다	患不除 : 근심이 없어지지 않는다
善哉 : 좋구나	難忍 : 참는 것이 참으로 어렵다

자장子張(BC 503~미상)

춘추시대 말기 진陳나라 사람. 이름은 전손사顓孫師이고, 자가 자장이다. 공자보다 48살 연하다. 《논어》에 공자가 그를 다른 제자들과 견주면서 독특한 성격을 말하는 것으로 볼 때 특수한 위치에 있었음을 알 수 있다. 공자가 죽은 뒤 공문孔門은 8개 유파로 갈렸는데, 자장을 중심으로 한 학파는 의협義俠의 성격을 크게 띠어 맹자 이후부터는 정통학파와 거리가 멀어지게 되었다.

景行錄에 云,
경 행 록   운

屈己者는 能處重하고 好勝者는 必遇敵이니라.
굴 기 자   능 처 중   호 승 자   필 우 적

《경행록》에 이르기를,

자기를 굽힐 줄 아는 자는 중요한 지위에 오를 수 있고, 이기기를 좋아하는 자는 반드시 적을 만나게 된다.

屈己者 : 자기를 굽힐 줄 아는 자	處重 : 중요한 지위에 오르다
好勝者 : 이기기를 좋아하는 자	遇敵 : 적을 만나다

惡人_이 罵善人_{커든} 善人_은 摠不對_{하라}
악인 매선인 선인 총부대

不對_는 心清閑_{이요} 罵者_는 口熱沸_{니라}
부대 심청한 매자 구열비

正如人唾天_{하여} 還從己身墜_{니라.}
정여인타천 환종기신추

　악한 사람이 착한 사람을 꾸짖거든 착한 사람은 아예 대꾸하지 않는다. 대꾸하지 않는 사람은 마음이 맑고 한가롭고, 꾸짖는 자는 입에 불이 붙은 것처럼 뜨겁게 끓어오른다. 마치 사람이 하늘에 침을 뱉으면 도로 자기 몸에 떨어지는 것과 같다.

罵 : 욕하다, 꾸짖다	摠 : 아예, 도무지	不對 : 대꾸하지 않는다
清閑 : 맑고 한가롭다	熱沸 : 끓어오르다	唾天 : 하늘에 침을 뱉다
身墜 : 몸에 떨어지다		

我若被人罵_{라도} 佯聾不分說_{하라}
아약피인매 양롱불분설

譬如火燒空_{하여} 不救自然滅_{이라}
비여화소공 불구자연멸

我心_은 等虛空_{이어늘} 摠爾飜脣舌_{이니라.}
아심 등허공 총이번순설

내가 만약 남에게 욕설을 듣더라도

거짓으로 귀먹은 체하고 시비를 가리려 하지 마라.

비유컨대 이것은 불이 허공에서 타다가

끄지 않아도 저절로 꺼지는 것과 같다.

내 마음은 허공과 같거늘

모두 너의 입술과 혀만 나불거리는 것이다.

被人罵 : 남에게 매도되다, 욕을 듣다	佯 : ~인 체하다
不分說 : 시비를 가리려 하지 말라, 따지지 말라	譬如 : 비유하면 ~와 같다
火燒 : 불이 타다	等 : ~와 같다
飜 : 나부끼다, 펄럭이다	脣舌 : 입술과 혀

凡事에 留人情이면 後來에 好相見이니라.
범사 유인정 후래 호상견

모든 일에 인정人情을 남기면, 나중에 좋은 얼굴로 서로 보게 된다.

凡事 : 모든 일	留人情 : 인정人情을 남기다
後來 : 나중에	
好相見 : 좋은 감정이나 얼굴로 서로 보다	

勤學篇 근학편

부지런히 힘써 배워라

子夏曰,
자 하 왈

博學而篤志하고 切問而近思면
박 학 이 독 지　　절 문 이 근 사

仁在其中矣니라.
인 재 기 중 의

자하子夏가 말하였다.

"널리 배워서 뜻을 돈독히 하고, 간절하게 묻고 가까이에 있는
것부터 생각해 나가면 인仁이 그 가운데 있다."

博學 : 널리 배우다	篤志 : 뜻을 돈독히 하다
切問 : 간절하게 묻다	近思 : 가까운 것부터 생각하다

자하子夏(BC 507~BC 420 추정)

전국시대 위衛나라 사람으로 성은 복卜, 이름은 상商이다. 공자보다 44살 연하
로, 공문십철의 한 사람이다. 공자가 죽은 뒤에 위나라 문후에게 초빙되어 스승
이 되었지만 공자의 죽음을 슬퍼하여 실명했다고 전한다. 이극과 오기, 전자방,
단간목 등이 모두 그의 문하에서 배웠다. 위문후가 그를 스승으로 섬겨 예藝를
배웠다. 학문은 시와 예에 통했고, 공자의 《춘추》를 전공하여 《공양전》과 《곡량
전》의 원류를 이루었다. 예禮의 객관적 형식을 존중하는 것이 특색이다.

2

莊子曰,
장 자 왈

人之不學은 如登天而無術하고
인 지 불 학   여 등 천 이 무 술

學而智遠이면 如披祥雲而覩靑天하고
학 이 지 원   여 피 상 운 이 도 청 천

登高山而望四海니라.
등 고 산 이 망 사 해

장자가 말하였다.

"사람이 배우지 않으면 하늘에 오르려는데 재주가 없는 것과 같고,
배워서 지혜가 원대해지면 상서로운 구름을 헤치고 푸른 하늘을
보는 것과 같고, 높은 산에 올라 사해를 바라보는 것과 같다."

登天 : 하늘에 오르다	無術 : 기술이 없다
智遠 : 지혜가 원대해지다	披祥雲 : 상서로운 구름을 헤치다
覩 : 보다	

3

禮記에 曰,
예 기   왈

玉不琢이면 不成器하고 人不學이면 不知道니라.
옥 불 탁   불 성 기   인 불 학   부 지 도

《예기禮記》에 이르기를,

　옥도 다듬지 않으면 그릇을 이루지 못하고, 사람이 배우지 않으면 도리를 알지 못한다.

| 不琢 : 다듬지 않다 | 成器 : 그릇을 이루다 |

《예기禮記》

　49편으로 이루어진 중국 고대 유교의 경전이다. 오경五經의 하나로 《주례周禮》, 《의례儀禮》와 함께 삼례三禮라고 한다. 예경이라 하지 않고 《예기》라고 하는 것은 예禮에 관한 경전을 보완하고 주석하였다는 뜻이다. 《예기》에서는 의례의 해설뿐 아니라 음악, 정치, 학문 등 일상생활의 사소한 영역까지 예의 근본정신에 대하여 다방면으로 서술하고 있으며, 예의 이론 및 실제를 논하는 내용이다.

4

太公曰,
태 공 왈

人生不學이면 如冥冥夜行이니라.
인 생 불 학　　　여 명 명 야 행

태공이 말하였다.

"사람이 배우지 않으면 어둡고 어두운 밤길을 가는 것과 같다."

如冥冥夜行 : 어둡고 어두운 밤길을 가는 것과 같다

韓文公曰,
한 문 공 왈

人不通古今이면 馬牛而襟裾니라.
인 불 통 고 금　　　마 우 이 금 거

한문공韓文公[韓愈]이 말하였다.

"사람이 옛날과 지금의 이치를 통달하지 못하면 말과 소에게 옷을 입힌 것과 같다."

古今 : 옛날과 지금	馬牛 : 말과 소	襟裾 : 옷깃과 옷자락

한문공韓文公(768~824)

중국 당송팔대가의 한 사람으로 당나라의 문학가 겸 사상가. 이름은 유愈, 자는 퇴지退之, 시호는 문공文公이다. 산문의 문체 개혁과 시에 있어 지적인 흥미를 정제된 표현으로 나타낼 것을 시도하는 등 문학상의 공적을 세웠다. 유교를 존중하고 도교와 불교를 배격하였으며, 송대 이후 성리학의 선구자가 되었다. 작품은 《창려선생집》(40권), 《외집》(10권), 《유문》(1권) 등의 문집에 수록되었다.

朱文公曰,
주 문 공 왈

家若貧이라도 不可因貧而廢學이요
가 약 빈　　　불 가 인 빈 이 폐 학

家若富라도 不可恃富而怠學이니
가 약 부　　　불 가 시 부 이 태 학

貧若勤學이면 可以立身이요
빈 약 근 학　　　가 이 입 신

富若勤學이면 名乃光榮이니라
부 약 근 학　　　명 내 광 영

惟見學者顯達이요 不見學者無成이니라
유 견 학 자 현 달　　　불 견 학 자 무 성

學者는 乃身之寶요 學者는 乃世之珍이니라
학 자　내 신 지 보　　학 자　내 세 지 진

是故로 學則乃爲君子요 不學則爲小人이니
시 고　학 즉 내 위 군 자　　불 학 즉 위 소 인

後之學者는 宜各勉之니라.
후 지 학 자　　의 각 면 지

주문공이 말하였다.

"집이 만약 가난해도 가난 때문에 배움을 포기해서는 안 되고, 집이 만약 부유해도 부유한 것을 믿고 학문을 게을리해서는 안 된다. 가난한 자가 부지런히 배운다면 입신할 수 있을 것이요, 부유한 자가 부지런히 배운다면 이름이 더욱 빛날 것이니라. 오직 배운 자가 출세하는 것을 보았으며, 배운 사람으로서 성취하지 못하는 것은 보지 못했다. 배움이란 곧 몸의 보배요, 배운 사람은 곧 세상의 보배이다. 그러므로 배우면 군자가 되고 배우지 않으면 소인이 될 것이니, 후세에 배우는 자는 마땅히 각기 힘써야 한다."

廢學 : 배우는 것을 포기하다, 학문을 그만두다

恃富 : 부유한 것을 믿다　　　　怠學 : 학문을 게을리하다

光榮 : 영광, 빛나고 영예롭다　　顯達 : 출세하다

身之寶 : 몸의 보배　　　　　　世之珍 : 세상의 보배

宜 : 마땅히 ~하라

7

徽宗皇帝曰,
휘종황제왈

學者는 如禾如稻요 不學者는 如蒿如草로다
학자　여화여도　불학자　여호여초

如禾如稻兮여 國之精糧이요 世之大寶로다
여화여도혜　국지정량　세지대보

如蒿如草兮여 耕者憎嫌이요 鋤者煩惱니라
여호여초혜　경자증혐　서자번뇌

他日面墻에 悔之已老로다.
타일면장　회지이노

휘종황제徽宗皇帝가 말하였다.

"배운 사람은 곡식 같고 벼 같지만, 배우지 않은 사람은 쑥 같고 풀 같도다. 아아, 곡식 같고 벼 같음이여! 나라의 좋은 양식이요, 온 세상의 보배로다. 쑥 같거나 풀 같음이여! 밭을 가는 자가 싫어하고 김매는 자가 귀찮아한다. 배우지 않다가 훗날 담장에 얼굴을 대한 듯 답답하여 뉘우친들 이미 늙었으니 돌이킬 수 없으리라."

如禾如稻 : 벼와 같다 　　　　　如蒿如草 : 쑥 같고 풀 같다

精糧 : 정성을 들여서 거칠지 않고 매우 고운 양식

耕者 : 밭을 가는 사람　　　　　　憎嫌 : 미워하고 싫어하다

鋤者 : 김매는 사람　　　　　　　已老 : 이미 늙다

面墻 : 담장을 마주하다, 배우지 못하여 답답함을 의미하다

휘종徽宗(1082~1135)

중국 북송의 제8대 황제(재위 1100~1125). 글씨와 그림에 조예가 깊었으며 고금의 문화재를 수집, 보호하고 궁정서화가를 양성하여, 문화사상 선화시대宣和時代라는 한 시기를 드러냈다. 금나라와 동맹하여 요나라를 협공하고 연운십육주燕雲十六州를 수복하려고 꾀하였으나, 오히려 금나라 군사의 진입을 초래해 국도 카이펑이 함락되고, 북송의 멸망을 가져왔다.

8

論語에 曰,
논어　　왈

學如不及이요 惟恐失之니라.
학 여 불 급 　　유 공 실 지

《논어論語》에 이르기를,

"배움은 해도 해도 미치지 못할 것처럼 하고, 오직 배운 것을 잃을까 두려워할지니라."

不及 : 미치지 못하다 　　　　　恐 : 두려워하다

《논어論語》

논어는 유교의 성전聖典이라고도 할 수 있다. 사서四書의 하나로, 중국 최초의 어록이기도 하다. 고대 중국의 사상가 공자의 가르침을 전하는 가장 확실한 옛 문헌이다. 공자와 그 제자와의 문답을 주로 하고, 공자의 발언과 행적, 그리고 고제高弟의 발언 등 인생의 교훈이 되는 말들이 간결하고도 함축성 있게 기록되었다. 《논어》라는 서명書名은 공자의 말을 모아 간추려서 일정한 순서로 편집한 것이라는 뜻인데, 누가 지은 이름인지는 분명치 않다.

현존본은 〈학이편學而篇〉에서 〈요왈편堯曰篇〉에 이르는 20편으로 이루어졌으며, 〈학이편〉은 인간 종신終身의 업業인 학문과 덕행을, 〈요왈편〉은 역대 성인의 정치 이상을 주제로 하였다. 이처럼 각 편마다 주제가 있기는 하지만 용어가 통일되지 않았고, 같은 문장의 중복도 있다. 특히 전반 10편을 상론上論, 후반을 하론下論이라고 하는데, 그 사이에는 문체나 내용에 약간의 차이가 있다.

訓子篇 훈자편

자식을 잘 가르쳐라

1

景行錄_에 云,
경 행 록　　운

賓客不來_면 門戸俗_{하고}
빈 객 불 래　　문 호 속

詩書無敎_면 子孫愚_{니라.}
시 서 무 교　　자 손 우

《경행록》에 이르기를,

　손님이 찾아오지 않으면 집안이 비속해지고 《시경》과 《서경》을
가르치지 않으면 자손이 어리석어진다.

賓客 : 손님　　　門戸 : 집안　　　詩書 : 《시경》과 《서경》

2

莊子曰,
장 자 왈

事雖小_나 不作_{이면} 不成_{이요}
사 수 소　　부 작　　　불 성

子雖賢_{이나} 不敎_면 不明_{이니라.}
자 수 현　　불 교　　불 명

장자가 말하였다.

"일이 비록 작더라도 하지 않으면 이루지 못할 것이요, 자식이 비록 어질지라도 가르치지 않으면 현명하지 못하다."

不作 : 하지 않는다	不成 : 이루지 못한다
不教 : 가르치지 않는다	不明 : 현명하지 못하다

漢書에 云,
한 서 운

黃金滿籯이 不如敎子一經이요
황 금 만 영 불 여 교 자 일 경

賜子千金이 不如敎子一藝니라.
사 자 천 금 불 여 교 자 일 예

《한서漢書》에 이르기를,

황금이 상자에 가득하여도 자식에게 경서經書 한 권을 가르치는 것만 같지 못하고, 자식에게 천금을 물려주는 것이 기술 한 가지를 가르치는 것만 못 하다.

滿籯 : 상자에 가득하다	一經 : 경서經書 한 권

《한서漢書》

중국 후한의 역사가 반고가 저술한 기전체의 역사서로, 전 120권이다. 《사기》와 더불어 중국 사학사상史學史上 대표적인 저작이다. 처음 반고의 아버지 반표

가 《사기》에 부족한 점을 느꼈고, 또 무제 이후의 일은 사기에 기록되지 않았으므로 스스로 《후전後傳》 65편을 편집했으나 완성하지 못하고 사망하였다. 반고는 아버지의 뜻을 이어 명제의 명으로 한서 저작에 종사하였다. 그리하여 장제 건초연간에 일단 완성을 보았으나 〈팔표〉와 〈천문지〉가 미완성인 채 그가 죽자, 누이동생 반소가 화제의 명으로 계승하였고, 다시 마속의 보완으로 완성되었다. 《사기》가 상고시대부터 무제까지의 통사通史인데 비하여 《한서》는 전한前漢만을 다룬 단대사斷代史로, 한고조 유방부터 왕망의 난까지 12대 230년간의 기록이라는 점에 특징이 있다.

至樂은 莫如讀書요 至要는 莫如敎子니라.
지 락   막 여 독 서   지 요   막 여 교 자

　지극한 즐거움은 글을 읽는 것만 한 것이 없고, 지극히 중요한 일은 자식을 가르치는 것만 한 것이 없다.

至樂 : 지극한 즐거움　　莫如 : ~만 한 것이 없다　　至要 : 지극히 중요한 일

呂滎公曰,
여 형 공 왈

內無賢父兄하고 外無嚴師友면
내 무 현 부 형　　외 무 엄 사 우

而能有成者鮮矣니라.
이 능 유 성 자 선 의

여형공呂滎公이 말하였다.

"안으로는 현명한 어버이와 형이 없고, 밖으로 엄한 스승과 벗이 없으면 성공하는 자가 드물다."

賢父兄 : 현명한 어버이와 형	嚴師友 : 엄한 스승이나 벗	鮮 : 드물다

여형공 呂滎公

중국 북송 때의 학자로 이름은 희철希哲, 자는 원명原明이다. 형양군공滎陽郡公에 봉해졌으므로 여형공이라고 불렀다. 저서로는 《여씨잡기呂氏雜記》가 있다.

6

太公曰,
태 공 왈

男子失敎면 長必頑愚하고
남 자 실 교　　장 필 완 우

女子失敎면 長必麤疎니라.
여 자 실 교　　장 필 추 소

태공이 말하였다.

"남자가 교육의 기회를 놓치면 자라서 반드시 미련하고 어리석으며, 여자가 교육의 기회를 놓치면 자라서 반드시 거칠고 꼼꼼하지 못하게 된다."

頑愚 : 미련하고 어리석다	麤疎 : 거칠고 꼼꼼하지 못하다

7

男年長大어든 莫習樂酒하고
남 년 장 대   막 습 악 주

女年長大어든 莫令遊走하라.
여 년 장 대   막 령 유 주

남자가 자라나거든 풍악과 술을 익히지 말도록 하고,
여자가 자라나거든 놀러 다니지 말도록 하라.

樂酒 : 풍악과 술　　　　　　遊走 : 놀러 다니다

8

嚴父는 出孝子요 嚴母는 出孝女니라.
엄 부 출 효 자 엄 모 출 효 녀

엄한 아버지는 효자를 길러내고, 엄한 어머니는 효녀를 길러낸다.

嚴父 : 엄한 아버지　　　　　　嚴母 : 엄한 어머니

9

憐兒어든 多與棒하고 憎兒어든 多與食하라.
연 아 다 여 봉 증 아 다 여 식

아이를 사랑하거든 매를 많이 치고, 아이를 미워하거든 먹을 것을 많이 주라.

憐兒 : 아이를 사랑하다	與棒 : 매를 때리다
憎兒 : 아이를 미워하다	與食 : 먹을 것을 주다

人皆愛珠玉이나 我愛子孫賢이니라.
인 개 애 주 옥　　　　아 애 자 손 현

　남들은 모두 주옥을 사랑하지만, 나는 자손이 어진 것을 사랑하느니라.

珠玉 : 구슬과 옥

省心篇·上 성심편·상

마음을 살펴라

1

景行錄에 云,
경 행 록 운

寶貨는 用之有盡이지만 忠孝는 享之無窮이니라.
보 화 용 지 유 진 충 효 향 지 무 궁

《경행록》에 이르기를,

보배와 재물은 쓰면 다함이 있지만, 충성과 효성은 누려도 다함
이 없다.

寶貨 : 보배와 재물	有盡 : 끝이 있다
享之 : 누리다	無窮 : 끝이 없다

2

家和면 貧也好어니와 不義면 富如何오
가 화 빈 야 호 불 의 부 여 하

但存一子孝니 何用子孫多리오.
단 존 일 자 효 하 용 자 손 다

집안이 화목하면 가난해도 좋거니와 의롭지 못하면 부유한들
무엇하랴. 다만 한 자식이라도 효도하는 자를 둘 것이니 자손이

많은들 무슨 소용이 있겠는가?

家和 : 집안이 화목하다 　　　　　　也 : ~도 또한
何用 : 무슨 소용이 있겠는가

父不憂心因子孝요 夫無煩惱是妻賢이라
부 불 우 심 인 자 효　　부 무 번 뇌 시 처 현

言多語失皆因酒요 義斷親疎只爲錢이니라.
언 다 어 실 개 인 주　　의 단 친 소 지 위 전

아버지가 마음에 근심하지 않음은 자식이 효도하기 때문이요,

남편이 번뇌가 없음은 아내가 어질기 때문이다.

말이 많아지고 말을 실수함은 술 때문이요,

의리가 끊어지고 친한 사람이 소원해짐은 단지 돈 때문이다.

不憂心 : 마음에 근심하지 않는다 　　　　因 : ~ 때문이다
言多語失 : 말이 많아지고 말을 실수하다 　　只爲錢 : 단지 돈 때문이다

旣取非常樂이어든 須防不測憂니라.
기 취 비 상 락　　　　수 방 불 측 우

이미 정도를 벗어나는 즐거움을 취했거든 모름지기 뜻하지 않

게 다가오는 근심에 대비해야 한다.

非常樂 : 정도를 벗어나는 즐거움　　　不測憂 : 뜻하지 않게 다가오는 근심

得寵思辱하고 居安慮危니라.
득 총 사 욕　　　거 안 려 위

　총애를 받을 때는 버림받을 때를 미리 생각하고, 편안하게 지낼 때는 위험에 처하게 될 때를 미리 생각하라.

得寵 : 총애를 얻다　　　　　　思辱 : 욕됨을 생각하다
居安 : 편안하게 지내다　　　　慮危 : 위험을 생각하다

榮輕辱淺하고 利重害深이니라.
영 경 욕 천　　　이 중 해 심

　영예가 가벼우면 욕됨이 얕고, 이익이 무거우면 손해도 깊다.

榮輕 : 영예가 가볍다　　　　辱淺 : 욕됨이 얕다
利重 : 이익이 무겁다　　　　害深 : 손해가 깊다

7

甚愛必甚費요 甚譽必甚毀요
심 애 필 심 비　심 예 필 심 훼

甚喜必甚憂요 甚藏必甚亡이라.
심 희 필 심 우　심 장 필 심 망

　지나치게 아끼면 반드시 심하게 허비할 것이요, 지나친 칭찬은
반드시 심한 헐뜯음을 받게 된다. 지나친 기쁨은 반드시 심한 근심
을 가져오고, 지나친 축적은 반드시 심히 잃게 된다.

甚愛 : 지나치게 아끼다　　　　　　甚費 : 심하게 허비하다

8

子曰,
자 왈

不觀高崖면 何以知顚墜之患이며
불 관 고 애　　하 이 지 전 추 지 환

不臨深泉이면 何以知沒溺之患이며
불 림 심 천　　하 이 지 몰 익 지 환

不觀巨海면 何以知風波之患이리오.
불 관 거 해　　하 이 지 풍 파 지 환

　공자孔子께서 말씀하셨다.

　"높은 낭떠러지를 보지 않으면 어찌 굴러 떨어지는 환난을 알 것

이며, 깊은 샘에 임하지 않으면 어찌 몸이 물에 빠져 죽는 환난을 알 것이며, 큰 바다를 보지 않으면 어찌 풍파의 환난을 알겠는가.”

高崖 : 높은 낭떠러지	顚墜 : 굴러 떨어지다	深泉 : 깊은 샘
沒溺 : 물에 빠지다	巨海 : 큰 바다	

欲知未來인대 先察已然이니라.
욕 지 미 래　　　선 찰 이 연

미래를 알고자 한다면, 먼저 지나간 일들을 살필지니라.

先察 : 먼저 살피다	已然 : 이미 그러한 일

子曰,
자 왈

明鏡은 所以察形이요 往者는 所以知今이니라.
명 경　　소 이 찰 형　　　왕 자　　소 이 지 금

공자孔子께서 말씀하셨다.
“밝은 거울은 모습을 살피는 것이요, 지나간 일들은 지금을 아는 방법이다.”

明鏡 : 밝은 거울   所以 : 일이 생기게 된 원인이나 조건, 까닭

察形 : 모습을 살피다   往者 : 지나간 일

過去事는 明如鏡이요 未來事는 暗似漆이니라.
과 거 사   명 여 경   미 래 사   암 사 칠

지나간 일은 밝기가 거울 같고 미래의 일은 어둡기가 칠흑 같다.

如鏡 : 거울과 같다   似漆 : 칠흑과 같다

景行錄에 云,
경 행 록   운

明朝之事를 薄暮에 不可必이요
명 조 지 사   박 모   불 가 필

薄暮之事를 晡時에 不可必이니라.
박 모 지 사   포 시   불 가 필

《경행록》에 이르기를,

내일 아침의 일을 오늘 저녁 무렵에 단정적으로 말할 수 없고,

저녁 무렵의 일을 포시晡時에 단정적으로 말할 수 없다.

明朝 : 내일 아침   薄暮 : 저녁 무렵   晡時 : 오후 3시~5시 사이

13

天有不測風雨하고 人有朝夕禍福이니라.
천 유 불 측 풍 우　　　인 유 조 석 화 복

　하늘에는 예측할 수 없는 비와 바람이 있고, 사람에게는 아침과
저녁으로 달라지는 화와 복이 있다.

14

未歸三尺土에는 難保百年身이요
미 귀 삼 척 토　　　난 보 백 년 신

已歸三尺土에는 難保百年墳이니라.
이 귀 삼 척 토　　　난 보 백 년 분

　석 자 되는 흙 속(무덤)으로 돌아가지 아니하고서는 백 년의 몸
을 보전하기 어렵고, 이미 석 자 되는 흙 속으로 돌아가서는 백
년 동안 무덤을 보전하기 어렵다.

三尺土 : 석 자 되는 흙, 무덤　　難保 : 보전하기 어렵다　　墳 : 무덤

15

景行錄에 云,
경 행 록　　운

木有所養이면 則根本固하고
목 유 소 양　　　즉 근 본 고

而枝葉茂_{하여} 棟樑之材成_{이요}
이 지 엽 무　　　동 량 지 재 성

水有所養_{이면} 則泉源壯_{하고}
수 유 소 양　　　즉 천 원 장

而流派長_{하여} 灌漑之利博_{이요}
이 류 파 장　　　관 개 지 리 박

人有所養_{이면} 則志氣大_{하고}
인 유 소 양　　　즉 지 기 대

而識見明_{하여} 忠義之士出_{이니} 可不養哉_{리오.}
이 식 견 명　　　충 의 지 사 출　　　가 불 양 재

《경행록》에 이르기를,

　나무를 잘 기르면 뿌리가 견고하고 가지와 잎이 무성해져 동량
棟樑의 재목을 이루고, 물을 잘 다스리면 샘물의 근원이 세차고
물줄기가 길어서 관개灌漑의 이로움이 넓게 베풀어지고, 사람을
잘 키우면 뜻과 기상이 크고 식견이 밝아져 충성스럽고 의로운
선비가 나오니, 어찌 기르지 않겠는가.

所養 : 기르는 바	固 : 견고하다
枝葉茂 : 가지와 잎이 무성하다	棟樑 : 기둥과 들보
泉源 : 샘물의 근원	灌漑 : 물을 대다
利博 : 이로움이 넓다	可不~哉 : 어찌 ~하지 않겠는가

自信者는 人亦信之하여 吳越이 皆兄弟요
자 신 자 인 역 신 지 오 월 개 형 제

自疑者는 人亦疑之하여 身外에는 皆敵國이니라.
자 의 자 인 역 의 지 신 외 개 적 국

　자신을 믿는 자는 남도 또한 자기를 믿어서 오나라, 월나라와 같은 적국 사이라도 형제와 같이 될 수 있고, 자신을 의심하는 자는 남도 또한 자기를 의심하여 자기 외에는 모두 적국敵國이 된다.

自信者 : 자신을 믿는 자　　自疑者 : 자신을 의심하는 자　　身外 : 자기 외에

오吳나라와 월越나라

　중국 전국시대에 오나라와 월나라 사이를 가장 잘 나타내는 다음과 같은 고사가 있다. 월왕 구천은 아버지 윤상이 죽은 뒤 왕위를 이어받자마자 오왕 합려와 싸워 그를 죽였다. 합려의 아들 부차는 아버지의 원수를 갚기 위하여 섶나무 위에서 자며 복수심을 불태웠다. 2년 후인 BC 494년에 구천은 부차에게 패하여 회계산에 숨었다가 버티지 못하고 용서를 빌어 오왕의 신하가 되었다. 그 후 구천은 회계산의 치욕을 씻기 위하여 쓸개를 핥으면서 부국강병에 힘썼다. 그리하여 마침내 부차를 꺾어 자살하게 하고, 오나라를 멸망시킨 후 서주에서 제후와 회맹하여 패자覇者가 되었다. 이것이 '와신상담臥薪嘗膽'의 고사이다.

오월동주吳越同舟

　《손자孫子》〈구지편九地篇〉에 나오는 말로 "대저 오나라 사람과 월나라 사람은 서로 미워한다. 그러나 그들이 같은 배를 타고 가다가 바람을 만나게 되면 서로 돕기를 좌우의 손이 함께 협력하듯이 한다."라고 한 데서 비롯되었다. 즉, 서로 원수지간이면서도 어떤 목적을 위해서는 부득이 협력하는 상태를 일컫는다.

疑人莫用하고 用人勿疑니라.
의 인 막 용　　용 인 물 의

사람을 의심하거든 쓰지 말고, 사람을 쓰거든 의심하지 말라.

莫用 : 쓰지 말라　　　　　　勿疑 : 의심하지 말라

諷諫에 云,
풍 간　　운

水底魚天邊雁은 高可射兮低可釣어니와
수 저 어 천 변 안　　고 가 사 혜 저 가 조

惟有人心咫尺間에 咫尺人心不可料니라.
유 유 인 심 지 척 간　　지 척 인 심 불 가 료

《풍간》에 이르기를,

　물밑의 물고기와 하늘가의 기러기는 높은 데 있는 것은 활로 쏘아 잡고, 낮은 데 물속에 있는 것은 낚을 수 있거니와, 오직 사람의 마음은 지척에 있음에도 이 지척에 있는 사람의 마음만은 헤아릴 수 없다.

水底 : 물밑　　　　　　　天邊 : 하늘가
咫尺間 : 가까운 거리　　　料 : 헤아리다

畫虎畫皮難畫骨이요 知人知面不知心이니라.
화 호 화 피 난 화 골   지 인 지 면 부 지 심

호랑이를 그리되 가죽은 그릴 수 있으나 뼈는 그리기 어렵고, 사람을 알되 얼굴은 알지만 마음은 알지 못한다.

畫虎 : 호랑이를 그리다	畫皮 : 가죽을 그리다
畫骨 : 뼈를 그리다	知面 : 얼굴을 알다

對面共話하되 心隔千山이니라.
대 면 공 화   심 격 천 산

얼굴을 맞대고 함께 이야기는 하지만, 마음은 천산만큼이나 멀리 떨어져 있다.

對面 : 얼굴을 맞대다	共話 : 함께 이야기하다
隔 : 떨어져 있다	

海枯終見底나 人死不知心이니라.
해 고 종 견 저   인 사 부 지 심

바다가 마르면 마침내 그 바닥을 볼 수 있으나, 사람은 죽어도
그 마음을 알지 못한다.

海枯 : 바다가 마르다 　　　　　　見底 : 바닥이 보인다

太公曰,
태　공　왈

凡人은 **不可逆相**이요 **海水**는 **不可斗量**이니라.
범　인　　　불　가　역　상　　　해　수　　　불　가　두　량

태공이 말하였다.

"무릇 사람은 앞질러 점칠 수 없고, 바닷물은 말[斗]로 헤아릴
수 없다."

逆相 : 앞으로 닥쳐올 운명을 헤아려 아는 것 　　　斗量 : 말[斗]로 헤아리다

景行錄에 **云,**
경　행　록　　　운

結怨於人을 **謂之種禍**요
결　원　어　인　　위　지　종　화

捨善不爲를 **謂之自賊**이라.
사　선　불　위　　위　지　자　적

《경행록》에 이르기를,

남과 원수를 맺는 것은 재앙의 씨를 심는 것이라 하고, 착한 것을 버리고 착한 일을 하지 않는 것은 스스로를 해치는 것이라 한다.

結怨 : 원수를 맺다	種禍 : 재앙의 씨를 심다
捨善 : 착한 것을 버리다	自賊 : 스스로를 해치다

若聽一面說이면 便見相離別이니라.
약 청 일 면 설　　　 변 견 상 이 별

만약 한 편의 말만 들으면 곧 서로 이별하게 된다.

飽煖엔 思淫慾하고 飢寒엔 發道心이니라.
포 난　　 사 음 욕　　　 기 한　　 발 도 심

배부르고 따뜻하면 음욕이 생기고, 굶주리고 추우면 올바른 생각이 나타난다.

飽煖 : 배부르고 따뜻하다	飢寒 : 굶주리고 춥다
發 : 나타난다, 나온다, 시작한다	

疏廣曰,
소 광 왈

賢人多財면 則損其志하고
현 인 다 재 　 즉 손 기 지

愚人多財면 則益其過니라.
우 인 다 재 　 즉 익 기 과

소광疏廣이 말하였다.

"어진 사람이 재물이 많으면 그 뜻이 손상되고, 어리석은 사람이 재물이 많으면 그 허물을 더한다."

소광疏廣

중국 전한 선제宣帝 때 사람으로 태부太傅의 높은 지위에 있다가 나이가 많아 벼슬을 그만두자, 선제와 태자가 많은 재물을 내렸다. 그런데 그는 재물들을 친한 사람들에게 하나도 남김없이 나눠주었다. 그러자 어떤 사람이 자손을 위해서 남겨두라고 권하자 그가 위와 같이 말했다고 한다.

人貧智短하고 福至心靈이니라.
인 빈 지 단 　 복 지 심 령

사람이 가난하면 지혜도 짧아지고, 복이 이르면 마음도 지혜로워진다.

智短 : 지혜가 짧다   心靈 : 마음이 영명하다

不經一事면 不長一智니라.
불 경 일 사   부 장 일 지

한 가지 일을 겪지 않으면, 한 가지 지혜가 자라나지 않는다.

經 : 겪다, 경험하다, 체험하다   長 : 자라다   一智 : 한 가지 지혜

是非終日有라도 不聽自然無니라.
시 비 종 일 유   불 청 자 연 무

시빗거리가 종일토록 있을지라도, 듣지 않으면 자연히 없어진다.

是非 : 옳고 그름   自然 : 자연히, 저절로

來說是非者는 便是是非人이니라.
내 설 시 비 자   변 시 시 비 인

와서 남의 시비를 말하는 자는, 곧 나에게 시비를 거는 사람이다.

說是非者 : 옳고 그름을 말하는 사람

擊壤詩에 云,
격 양 시   운

平生不作皺眉事하면 世上應無切齒人이니
평 생 부 작 추 미 사   세 상 응 무 절 치 인

大名豈有鑴頑石가 路上行人口勝碑니라.
대 명 기 유 전 완 석   노 상 행 인 구 승 비

《격양시》에 이르기를,

　평소에 눈살을 찌푸리지 않으면 세상에 응당 나에게 이를 갈 원
수 같은 사람이 없을 것이니, 크게 난 이름을 어찌 무딘 돌에 새
길 것인가. 길가는 사람의 입이 비석보다 낫다.

皺眉 : 눈살을 찌푸리다	切齒 : 이를 갈다
鑴頑石 : 무딘 돌에 새기다	勝 : ~보다 낫다

有麝自然香이니 何必當風立이리오.
유 사 자 연 향   하 필 당 풍 립

　사향이 있으면 자연히 향기로울 것이니, 어찌 반드시 바람을 향

하여 서겠는가.

麝 : 사향

何必 : 어찌 ~할 필요가 있겠는가

當風立 : 바람을 향하여 서다

有福莫享盡하라 福盡身貧窮이요
유 복 막 향 진　　 복 진 신 빈 궁

有勢莫使盡하라 勢盡冤相逢이니라
유 세 막 사 진　　 세 진 원 상 봉

福兮常自惜하고 勢兮常自恭하라
복 혜 상 자 석　　 세 혜 상 자 공

人生驕與侈는 有始多無終이니라.
인 생 교 여 치　　 유 시 다 무 종

　복이 있어도 다 누리지 마라. 복이 다하면 몸이 빈궁해질 것이요,
권세가 있어도 다 부리지 마라. 권세가 다하면 원수와 서로 만난
다. 복이 있거든 항상 스스로 아끼고, 권세가 있거든 항상 스스로
공손하라. 인생에 교만과 사치는 시작은 있으나 대부분 끝이 없
는 경우가 많다.

莫 : ~하지 마라

享盡 : 다 누리다

使盡 : (권세를) 다 행세하다

惜 : 아끼다

王參政四留銘에 曰,
왕 참 정 사 류 명   왈

留有餘不盡之巧하여 以還造物하고
유 유 여 부 진 지 교   이 환 조 물

留有餘不盡之祿하여 以還朝廷하고
유 유 여 부 진 지 록   이 환 조 정

留有餘不盡之財하여 以還百姓하고
유 유 여 부 진 지 재   이 환 백 성

留有餘不盡之福하여 以還子孫이니라.
유 유 여 부 진 지 복   이 환 자 손

왕참정王參政 〈사류명四留銘〉에 이르기를,

"받은 재주를 남겼다가 조물주에게 돌려주고, 받은 봉록俸祿을 남겼다가 조정에 돌려주고, 받은 재물을 남겼다가 백성에게 돌려주고, 받은 복을 남겼다가 자손에게 돌려주라."

有餘不盡 : 다 쓰지 않고 여분을 남기다　　　巧 : 재주

왕참정王參政(957~1017)

중국 북송 때의 대신이며 왕호의 아들로 이름은 단旦, 자는 자명子明이다. 《영조국사》를 감수했고, 사후에 태사, 상서령 겸 중서령 위국공으로 추증되었다. 시호는 문정文正이다. 이 때문에 왕문정으로 일컫기도 한다. 일찍이 《문원영화》의 편집에 참여하였고, 《문집》 20권이 있었는데 실전되었다. 단지 그의 3수가 《전송시》에 수록되었고, 그의 일부 문장이 《전송문》에 수록되어 있다. 소훈각이십사공신 중 한 사람이다.

黃金千兩이 未爲貴요
황 금 천 냥   미 위 귀

得人一語가 勝千金이니라.
득 인 일 어   승 천 금

　황금 천 냥이 귀한 것이 아니요, 사람의 좋은 말 한 마디를 듣는
것이 천금보다 낫다.

未爲貴 : 귀하게 여기지 않는다　　　　勝千金 : 천금보다 낫다

巧者는 拙之奴요 苦者는 樂之母니라.
교 자   졸 지 노   고 자   낙 지 모

　재주 있는 사람은 재주 없는 사람의 노예요, 괴로움은 즐거움의
어머니이다.

巧者 : 재주 있는 사람　　　　　　拙 : 재주가 없다
苦者 : 괴로움, 고생

小船은 難堪重載요 深逕은 不宜獨行이니라.
소 선   난 감 중 재   심 경   불 의 독 행

작은 배는 무거운 짐을 견디기 어렵고, 깊숙한(으슥한) 길은 혼자 다니기에 마땅치 못하다.

小船 : 작은 배
重載 : 무거운 짐

難堪 : 견디기 어렵다, 감당하기 어렵다
深逕 : 깊숙한 길, 으슥한 길

38

黃金이 未是貴요 安樂이 値錢多니라.
황 금   미 시 귀   안 락   치 전 다

황금이 귀한 것이 아니요, 안락함이 돈보다 값어치가 많다.

未是貴 : 귀하지 않다
安樂 : 편안하고 즐거움
値錢 : 값어치

39

在家에 不會邀賓客이면
재 가   불 회 요 빈 객

出外에 方知少主人이니라.
출 외   방 지 소 주 인

집에 있을 때 손님을 맞아 대접할 줄 모르면, 밖에 나갔을 때 비로소 자기를 맞아주는 주인이 적은 줄을 안다.

不會 : ~할 줄 모르다
邀 : 맞이하다
方知 : 비로소 알다

貧居鬧市無相識이요 富住深山有遠親이니라.
빈 거 요 시 무 상 식　　　　부 주 심 산 유 원 친

　가난하면 번화한 저잣거리에 살아도 서로 아는 사람이 없지만,
부유하면 깊은 산중에 살아도 먼 곳에서 찾아오는 친구가 있다.

鬧市 : 번화한 저잣거리, 시끄러운 시장	
相識 : 서로 알다	遠親 : 먼 곳에서 찾아오는 친구

人義는 盡從貧處斷이요
인 의　　진 종 빈 처 단
世情은 便向有錢家니라.
세 정　　변 향 유 전 가

　사람의 의리는 다 가난한 데로부터 끊어지고, 세상의 인정은 곧
돈 있는 집으로 향한다.

從貧處斷 : 가난한 데로부터 끊어진다	有錢家 : 돈 있는 집

寧塞無底缸이언정 難塞鼻下橫이니라.
영 색 무 저 항　　　　난 색 비 하 횡

차라리 밑 빠진 항아리는 막을지언정, 코 아래 가로놓인 입은
막기 어렵다.

塞 : 막다   無底缸 : 밑 빠진 항아리   鼻下橫 : 코 아래 가로놓인 입

43

人情은 皆爲窘中疎니라.
인 정　개 위 군 중 소

사람의 정분情分은 모두 군색한 가운데서 소원하게 된다.

窘 : 군색하다, 궁핍하다   疎 : 소원해지다, 멀어지다

44

史記에 曰,
사 기　왈

郊天禮廟는 非酒不享이요
교 천 예 묘　비 주 불 향

君臣朋友는 非酒不義요
군 신 붕 우　비 주 불 의

鬪爭相和는 非酒不勸이라
투 쟁 상 화　비 주 불 권

故로 酒有成敗니 而不可泛飮之니라.
고　주 유 성 패　이 불 가 범 음 지

《사기史記》에 이르기를,

하늘에 제사를 지내고 사당에 제례를 올림에도 술이 아니면 흠향하지 못할 것이요, 임금과 신하 그리고 벗과 벗 사이에도 술이 아니면 의리가 두터워지지 않을 것이요, 싸움을 하고 서로 화해함에도 술이 아니면 권하지 못할 것이다. 그러므로 술에는 성공과 실패가 있으니 함부로 마셔서는 안 된다.

郊 : 고대 중국에서 천자가 도성의 남쪽 들에서 하늘에 드리는 제사
禮廟 : 사당에 제례를 올리다　　　　　享 : 흠향하다, 신이 제물을 받아들이다
泛飮之 : 함부로 술을 마시다

《사기史記》

중국 전한 무제 때 사마천에 의해 쓰인 역사서이다. 사마천은 저술의 동기를 '가문의 전통인 사관의 소명의식에 따라 《춘추》를 계승하고 아울러 궁형의 치욕에 발분하여 입신양명으로 대효를 이루기 위한 것'으로, 저술의 목표는 '인간과 하늘의 관계를 구명하고 고금의 변화에 통관하여 일가의 주장을 이루려는 것'으로 각각 설명하는데, 전체적 구성과 서술에 이 입장이 잘 견지되었다. 이 책의 가장 큰 특색은 역대 중국 정사의 모범이 된 기전체의 효시로서, 제왕의 연대기인 본기本紀 12편, 제후왕을 중심으로 한 세가世家 30편, 역대 제도 문물의 연혁에 관한 서書 8편, 연표인 표表 10편, 시대를 상징하는 뛰어난 개인의 활동을 다룬 전기 열전列傳 70편 등 총 130편으로 구성되어 있다는 것이다.

45

子曰, 士志於道而恥惡衣惡食者는
자 왈　사 지 어 도 이 치 악 의 악 식 자

未足與議也니라.
미 족 여 의 야

공자孔子께서 말씀하셨다.

"선비가 도에 뜻을 두면서 나쁜 옷과 나쁜 음식을 부끄러워하는 자와는 서로 더불어 도를 의논할 수 없다."

惡衣 : 나쁜 옷	惡食 : 나쁜 음식
未足 : 아직 부족하다	與議 : 더불어 의논하다

46

荀子曰,
순 자 왈

士有妬友則賢交不親하고
사 유 투 우 즉 현 교 불 친

君有妬臣則賢人不至니라.
군 유 투 신 즉 현 인 부 지

순자가 말하였다.

"선비에게 질투하는 벗이 있으면 어진 이가 가까이 하지 않고, 임금에게 질투하는 신하가 있으면 어진 사람이 오지 않는다."

妬友 : 질투하는 벗

47

天不生無祿之人하고 **地不長無名之草**니라.
천 불 생 무 록 지 인　　　지 부 장 무 명 지 초

하늘은 복록이 없는 사람을 내지 않고, 땅은 이름이 없는 풀을
기르지 않는다.

無祿之人 : 복록이 없는 사람　　　無名之草 : 이름이 없는 풀

48

大富는 **由天**하고 **小富**는 **由勤**이니라.
대 부　　유 천　　　소 부　　유 근

큰 부자는 하늘에 달려 있고, 작은 부자는 근면에 달려 있다.

由 : ~에 달려 있다, 말미암다

49

成家之兒는 **惜糞如金**하고
성 가 지 아　　석 분 여 금

敗家之兒는 **用金如糞**이니라.
패 가 지 아　　용 금 여 분

집안을 일으킬 아이는 똥(거름) 아끼기를 금같이 귀하게 여기고,

집안을 망칠 아이는 돈 쓰기를 똥과 같이 여긴다.

成家 : 집안을 일으키다   惜糞 : 거름을 아끼다
敗家 : 집안을 망치다

康節邵先生曰,
강 절 소 선 생 왈

閑居愼勿說無妨하라 纔說無妨便有妨이니라
한 거 신 물 설 무 방   재 설 무 방 변 유 방

爽口物多能作疾이요 快心事過必有殃이라
상 구 물 다 능 작 질   쾌 심 사 과 필 유 앙

與其病後能服藥으론 不若病前能自防이니라.
여 기 병 후 능 복 약   불 약 병 전 능 자 방

강절 소선생康節邵先生이 말하였다.

"한가롭게 살 때 삼가 해로울 것이 없다고 말하지 말라. 겨우 해로움이 없다고 말하자마자 문득 해로움이 생기리라. 입에 맞는 음식이 많으면 병을 일으킬 수 있고, 마음에 즐거운 일도 지나치면 반드시 재앙이 있느니라. 병이 난 후에 약을 먹기보다는 병나기 전에 스스로 예방하는 것이 낫다."

閑居 : 한가로이 지내다 勿說 : 말하지 말라 無妨 : 해롭지 않다, 거리낌이 없다
纔 : 즉시 곧   爽口 : 입에 맞는 음식   快心 : 마음에 즐겁다

與其~ 不若~ : ~보다는 ~하는 것이 낫다   服藥 : 약을 먹다

自防 : 스스로 예방하다

梓潼帝君垂訓에 曰,
재 동 제 군 수 훈   왈

妙藥도 難醫冤債病이요
묘 약   난 의 원 채 병

橫財는 不富命窮人이라
횡 재   불 부 명 궁 인

生事事生을 君莫怨하고
생 사 사 생   군 막 원

害人人害를 汝休嗔하라
해 인 인 해   여 휴 진

天地自然皆有報하니 遠在兒孫近在身이니라.
천 지 자 연 개 유 보   원 재 아 손 근 재 신

　　재동제군梓潼帝君의 〈수훈垂訓〉에 이르기를,

　　신묘한 약이라도 원한에 사무친 병은 치료하기 어렵고, 뜻밖에
생긴 재물은 운명이 궁한 사람을 부자로 만들지 못한다. 일을 저
지르고 나서 일이 생기는 것을 그대는 원망 말고, 남을 해치면 남
이 나를 해치는 것을 그대는 꾸짖지 말라. 천지는 자연스레 모두
보답함이 있나니 멀게는 자손에게 있고 가까우면 자기 몸에 있다.

妙藥 : 신묘한 약   難醫 : 고치기 어렵다   冤債病 : 원한에 사무친 병
橫財 : 뜻밖에 생긴 재물   命窮人 : 운명이 궁한 사람   害人 : 남을 해치다
人害 : 남이 나를 해치다

재동제군梓潼帝君
┆ 도교에서 받들어 모시는 신선으로, 문창제군文昌帝君이라고도 불린다.

花落花開開又落하고 錦衣布衣更換着이라
화 락 화 개 개 우 락   금 의 포 의 갱 환 착

豪家未必常富貴요 貧家未必長寂寞이라
호 가 미 필 상 부 귀   빈 가 미 필 장 적 막

扶人未必上靑霄요 推人未必塡溝壑이라
부 인 미 필 상 청 소   추 인 미 필 전 구 학

勸君凡事莫怨天하라 天意於人無厚薄이니라.
권 군 범 사 막 원 천   천 의 어 인 무 후 박

꽃이 졌다가 다시 피고 피었다 또 지며, 비단옷도 다시 삼베옷으로 바꿔 입는다. 호화로운 집이라고 해서 반드시 언제나 부귀한 것도 아니요, 가난한 집이라 해서 반드시 오래 적적하고 쓸쓸하진 않다. 사람이 부축하여도 반드시 하늘에 오르지는 못할 것이요, 사람을 밀어뜨려도 반드시 깊은 구렁에 굴러 떨어지지는 않는다. 그대에게 권하노니, 모든 일에 있어서 하늘을 원망하지 말라. 하늘의 뜻은 사람에게 후하거나 박함이 없다.

53

堪歎人心이 毒似蛇라
감 탄 인 심　독 사 사

誰知天眼이 轉如車오
수 지 천 안　전 여 거

去年에 妄取東隣物터니 今日還歸北舍家라
거 년　망 취 동 린 물　　금 일 환 귀 북 사 가

無義錢財는 湯潑雪이요
무 의 전 재　탕 발 설

儻來田地는 水推沙니라
당 래 전 지　수 추 사

若將狡譎爲生計면 恰似朝開暮落花니라.
약 장 교 휼 위 생 계　　흡 사 조 개 모 락 화

　사람의 마음이 독하기가 뱀 같음이 한스럽다. 하늘의 눈이 수레 바퀴처럼 돌아가고 있음을 누가 알리오? 지난해에 망령되이 동쪽 이웃에서 가져온 물건이 오늘은 다시 북쪽 집으로 돌아가는구나. 의롭지 않은 돈과 재물은 끓는 물에 눈을 뿌리는 것과 같이 없어 질 것이요, 뜻밖에 얻은 전답은 물살이 모래를 미는 것과 같다. 만약 간사한 꾀로 생계를 삼는다면 아침에 피었다가 저녁에 지는 꽃과 같이 오래가지 못하리라.

堪歎 : 탄식하여 마지않다	去年 : 지난해
湯潑雪 : 끓는 물에 눈을 뿌리다	儻來 : 뜻밖에 얻다
推沙 : 모래를 밀다	狡譎 : 간사한 꾀
恰似 : 비슷하다	

54

無藥可醫卿相壽요 有錢難買子孫賢이니라.
무 약 가 의 경 상 수　　유 전 난 매 자 손 현

어떠한 약으로도 재상의 수명을 고칠 수 없고, 돈으로도 자손의 현명함을 사기 어렵다.

無藥可醫 : 약으로도 치료할 수 없다	卿相 : 재상
有錢難買 : 돈으로 사기 어렵다	

55

一日淸閑이면 一日仙이니라.
일 일 청 한　　일 일 선

하루 동안 마음이 깨끗하고 한가로우면 하루 동안 신선이다.

省心篇・下 성심편・하
마음을 살펴라

眞宗皇帝御製에 曰,
진 종 황 제 어 제 왈

知危識險이면 終無羅網之門이요
지 위 식 험　　종 무 라 망 지 문

擧善薦賢이면 自有安身之路라
거 선 천 현　　자 유 안 신 지 로

施仁布德은 乃世代之榮昌이요
시 인 포 덕　　내 세 대 지 영 창

懷妬報寃은 與子孫之危患이라
회 투 보 원　　여 자 손 지 위 환

損人利己면 終無顯達雲仍이요
손 인 리 기　　종 무 현 달 운 잉

害衆成家면 豈有長久富貴리요
해 중 성 가　　기 유 구 장 부 귀

改名異體는 皆因巧語而生이요
개 명 이 체　　개 인 교 어 이 생

禍起傷身은 皆是不仁之召니라.
화 기 상 신　　개 시 불 인 지 소

진종황제眞宗皇帝〈어제御製〉에 이르기를,

미리 위태로움을 알고 험한 것을 알면 마침내 그물에 걸리는 일이 없을 것이요, 착한 사람을 등용하고 현명한 사람을 천거하면 몸을 편안히 하는 길이 저절로 있다. 인仁을 베풀고 덕德을 펴는 것은 곧 대대로 영화롭고 창성할 것이요, 시기하는 마음을 품고 원한을 갚으면 자손에게 위태로움과 재앙을 끼쳐주는 것이다. 남을 해쳐 자기를 이롭게 하면 마침내 높이 되는 자손을 기를 수 없을 것이고, 여러 사람을 해롭게 해서 집안을 이룬다면 어찌 그렇게 얻은 부귀가 오래갈 수 있으리오. (죄를 지어) 이름을 바꾸고 몸을 달리함은 모두 교묘한 말재주로 말미암아 생겨나고, 재앙이 일어나 몸을 상하게 함은 다 어질지 못함이 부르는 것이다.

御製 : 임금이 지은 시문　　　　　　　　　　　　羅網 : 그물에 걸리다
舉善薦賢 : 착한 사람을 등용하고 현명한 사람을 천거하다
懷妬報冤 : 시기하는 마음을 품고 원한을 갚다　　　雲仍 : 자손
改名異體 : 이름을 바꾸고 몸을 달리하다
禍起傷身 : 재앙이 일어나 몸을 상하게 하다

진종황제眞宗皇帝(968~1022)

중국 북송 제3대의 황제이며 이름은 항恒이다. 도교를 신봉하는 한편 재정을 충실히 하고 산업과 학문을 장려하였다. 1004년 거란의 성종과 소태후가 침입하자 '선주澶州의 맹盟'으로 일컬어지는 화의를 성립시켰다. 그 결과 북방의 군사관계는 안정되었으나, 재정 부담이 증가하였다. 또한 그는 맹약 성립 후에 태산泰山에 봉선封禪을 행하였으며, 궁중에 옥청소응궁玉淸昭應宮을 건립하는 등 큰 토목공사를 일으켰으므로 송나라의 재정은 크게 어려웠다.

神宗皇帝御製_에 曰,
신 종 황 제 어 제 　 왈

遠非道之財_{하고} 戒過度之酒_{하며}
원 비 도 지 재 　 계 과 도 지 주

居必擇隣_{하고} 交必擇友_{하라}
거 필 택 린 　 교 필 택 우

嫉妬_를 勿起於心_{하고} 讒言_을 勿宣於口_{하며}
질 투 　 물 기 어 심 　 참 언 　 물 선 어 구

骨肉貧者_를 莫疎_{하고} 他人富者_를 莫厚_{하라}
골 육 빈 자 　 막 소 　 타 인 부 자 　 막 후

克己_는 以勤儉爲先_{하고}
극 기 　 이 근 검 위 선

愛衆_은 以謙和爲首_{하며}
애 중 　 이 겸 화 위 수

常思已往之非_{하고} 每念未來之咎_{하라}
상 사 이 왕 지 비 　 매 념 미 래 지 구

若依朕之斯言_{이면} 治國家而可久_{니라.}
약 의 짐 지 사 언 　 치 국 가 이 가 구

신종황제神宗皇帝 〈어제御製〉에 이르기를,

　도리道理가 아닌 재물은 멀리하고 도度에 지나치는 술을 경계하며, 거처함에 반드시 이웃을 가리고, 사귈 때는 반드시 벗을 가려라. 질투를 마음에 일으키지 말고, 남을 헐뜯는 말을 입에서 내지 말며, 동기간同氣間에 가난한 자를 소홀히 하지 말고, 타인 가운데 부유한 자를 후하게 대하지 말라. 자기의 사욕을 극복하는 일은 근검勤儉을 첫째로 삼고, 대중을 사랑함은 겸손과 화목을 첫째로 삼을 것이며, 언제나 지나간 나의 잘못을 생각하고, 매양 미래의 허물을 생각하라. 만약 나의 이 말에 의거한다면 나라와 집안을 다스림이 오래갈 수 있을 것이다.

非道之財 : 도리道理가 아닌 재물　　過度之酒 : 지나친 음주
居必擇隣 : 거처함에 반드시 이웃을 가려라
交必擇友 : 사귈 때는 반드시 벗을 가려라
讒言 : 헐뜯는 말　　　　　　　　骨肉 : 뼈와 살 곧 동기간同氣間을 이름
莫疎 : 소홀히 하지 마라　　　　　克己 : 자기 자신을 극복하다
已往 : 이미 지나가다　　　　　　咎 : 허물
依 : 따르다　　　　　　　　　　可久 : 오래갈 수 있다

신종황제神宗皇帝(1048~1085)

중국 북송 제6대 황제이며 이름은 조욱趙頊이다. 제5대의 영종英宗이 재위 5년 만에 사망하자 뒤를 이어 즉위한 신종은 왕안석王安石을 재상으로 등용하고 신법新法을 강력히 추진하여 부국강병책을 시행하였다. 1076년 왕안석이 퇴관하자 스스로 개혁을 친정親政하였다. 그 결과 재정은 호전되었지만 외정外征은 실패하였다. 교지交趾(베트남)를 정벌한 결과는 손해였고, 요나라와의 싸움에서도 하동의 경계지를 양보하였으며, 서하의 원정에서도 크게 패하자 실의 속에 죽었다. 신종의 정치는 급진적이어서 실패한 것도 많았으나 나라의 체제를 바로잡고 국가 권력의 확립에 기여하였다.

3

高宗皇帝御製_에 曰,
고종황제어제 왈

一星之火_도 能燒萬頃之薪_{하고}
일성지화 능소만경지신

半句非言_도 誤損平生之德_{이라}
반구비언 오손평생지덕

身被一縷_나 常思織女之勞_{하고}
신피일루 상사직녀지로

日食三飧_{이나} 每念農夫之苦_{하라}
일식삼손 매념농부지고

苟貪妬損_{이면} 終無十載安康_{이요}
구탐투손 종무십재안강

積善存仁_{이면} 必有榮華後裔_{니라}
적선존인 필유영화후예

福緣善慶_은 多因積行而生_{이요}
복연선경 다인적행이생

入聖超凡_은 盡是眞實而得_{이니라.}
입성초범 진시진실이득

고종황제高宗皇帝 〈어제御製〉에 이르기를,

한 점 작은 불티도 능히 만경萬頃의 섶을 태우고, 한 마디 그릇된 말도 평생의 덕을 그르치고 훼손한다. 몸에 한 오라기의 실을 걸쳐도 항상 베 짜는 여자의 수고를 생각하고, 하루 세 끼니의 밥을 먹어도 농부의 노고를 생각하라. 구차하게 탐내고 시기해서 남에게 손해를 끼친다면 마침내 10년의 편안함도 없을 것이요, 선善을 쌓고 인仁을 보존하면 반드시 후손들에게 영화가 있으리라. 복福된 인연과 좋은 경사는 대부분 선행善行을 쌓음으로써 생기고, 평범함을 초월하여 성인聖人의 경지에 들어가는 것은 모두 진실함으로써 얻어지는 것이다.

一星之火 : 한 점 작은 불티	薪 : 섶, 땔감
一縷 : 한 오라기의 실	織女 : 베 짜는 여자
三飧 : 세 끼니의 밥	十載 : 10년
積行 : 선행을 쌓다	
入聖超凡 : 평범함을 초월하여 성인聖人의 경지에 들어가는 것	
盡是 : 모두, 다, 오직	眞實而得 : 진실함으로써 얻어지다

고종황제高宗皇帝(1107~1187)

중국 남송南宋의 제1대 황제(재위 1127~1162)이며 이름은 구構이다. 북송 휘종의 아홉 번째 아들이자 흠종의 동생이다. 1127년 금나라 군사가 중국 북부를 침략하여 휘종과 흠종을 포로로 잡아가자, 응천부에서 즉위하였다. 그 후 금군을 피하여 강남으로 건너가서 1138년 항주를 임시수도로 정하고 임안부臨安府라 하였다.

진회를 등용하고 악비 등 주전론자主戰論者를 물리쳤다. 1142년 금나라에 대해서 스스로를 신臣이라 부르고 은과 비단을 보내는 등 굴욕적인 화약을 맺어 20년간 평화를 얻었다. 양자 효종에게 양위한 뒤로 15년 동안 상황上皇으로서 유유자적한 생활을 즐겼다. 서화 감상에 능하였으며, 특히 서기書技에 뛰어났다고 한다.

4

王良曰,
왕 량 왈

欲知其君이면 先視其臣하고
욕 지 기 군   선 시 기 신

欲識其人이면 先視其友하고
욕 식 기 인   선 시 기 우

欲知其父이면 先視其子하라
욕 지 기 부   선 시 기 자

君聖臣忠하고 父慈子孝니라.
군 성 신 충   부 자 자 효

왕량王良이 말하였다.

"그 임금을 알고자 한다면 먼저 그 신하를 살펴보고, 그 사람을
알고자 한다면 먼저 그 벗을 살펴보고, 그 아비를 알고자 한다면
먼저 그 자식을 살펴보라. 임금이 성스러우면 그 신하가 충성스
럽고, 아비가 인자하면 자식이 효도한다."

欲知 : 알고 싶다   先視 : 먼저 보다

왕량王良

중국 한나라 때 사람으로 자는 중자仲子이다. 한나라를 찬탈한 왕망이 벼슬을
주겠다고 여러 차례 그를 불렀으나 충절을 지키며 응하지 않다가 후한 광무제
때에야 비로소 벼슬에 올랐다.

家語에 云,
가 어   운

水至淸則無魚하고 人至察則無徒니라.
수 지 청 즉 무 어   인 지 찰 즉 무 도

《가어家語》에 이르기를,

　물이 지극히 맑으면 고기가 없고, 사람이 지극히 살피면 친구가
없다.

《공자가어孔子家語》

> 공자의 언행 및 공자와 문인들이 주고받은 대화들을 수록한 책이다. 《한서》〈예
> 문지〉에는 〈공자가어 27권〉이라고 되어 있으나, 이것은 이미 없어져 저자의 이
> 름도 기록되어 있지 않다. 현재 전하는 것은 위魏의 왕숙王肅이 공안국의 이름
> 을 빌려 《좌전》, 《국어》, 《맹자》, 《순자》, 《대대례》, 《예기》, 《사기》, 《설원》, 《안
> 자》, 《열자》, 《한비자》, 《여람》 등에서 공자에 관한 기록을 모아 수록한 위서僞
> 書인데, 44편으로 되어 있다.

許敬宗曰,
허 경 종 왈

春雨如膏나 行人은 惡其泥濘하고
춘 우 여 고   행 인   오 기 니 녕

秋月揚輝나 盜者는 憎其照鑑이니라.
추 월 양 휘   도 자   증 기 조 감

허경종許敬宗이 말하였다.

"봄비는 땅을 기름지게 하지만 길가는 사람은 그 진창을 싫어하고, 가을달이 밝게 비치나 도둑은 그 밝게 비추는 것을 싫어한다."

| 膏 : 기름지게 하다 | 泥濘 : 진창, 흙탕물 |
| 揚輝 : 밝게 비치다 | 照鑑 : 밝게 비추다 |

허경종許敬宗
¦ 중국 당나라 고종 때의 재상으로 자는 연족延族이다.

7

景行錄에 云,
경 행 록   운

大丈夫見善明 故로 重名節於泰山하고
대 장 부 견 선 명 고   중 명 절 어 태 산

用心精 故로 輕死生於鴻毛니라.
용 심 정 고   경 사 생 어 홍 모

《경행록》에 이르기를,

대장부는 선善을 보는 것이 밝은 까닭에 명예와 절의를 태산보다 중히 여기고, 마음 쓰는 것이 깨끗한 까닭에 죽고 사는 것을 기러기 털보다도 더 가볍게 여긴다.

| 名節 : 명예와 절의 | 於 : ~보다도 |
| 用心精 : 마음 쓰는 것이 깨끗하다 | |

輕死生 : 죽고 사는 것을 가볍게 여기다

鴻毛 : 기러기 털, 극히 가벼운 것을 표현하는 말임

8

悶人之凶하고 樂人之善하며
민 인 지 흉　　　낙 인 지 선

濟人之急하고 求人之危니라.
제 인 지 급　　　구 인 지 위

　남의 흉한 일을 불쌍히 여기고, 남의 착한 것을 즐거워하며, 남의 급한 것을 건지고, 남의 위태로움을 구제하라.

悶 : 불쌍히 여기다, 동정하고 걱정하다, 민망하게 여기다

濟 : 구제하다, 도와주다

9

經目之事도 恐未皆眞이어늘
경 목 지 사　　　공 미 개 진

背後之言을 豈足深信이리오.
배 후 지 언　　　기 족 심 신

　눈으로 경험한 일도 모두 다 참되지는 아니할까 두렵거늘, 등 뒤에서 하는 말을 어찌 족히 깊이 믿을 수 있으리오.

經目 : 직접 눈으로 보다	恐未 : 아니할까 두렵다
背後之言 : 등 뒤에서 하는 말	豈足深信 : 어찌 깊이 믿을 수 있겠는가

不恨自家汲繩短하고 只恨他家苦井深이로다.
불 한 자 가 급 승 단　　　지 한 타 가 고 정 심

자기 집 두레박줄이 짧은 것은 탓하지 않고, 단지 남의 집 우물 깊은 것만 탓한다.

汲繩 : 두레박줄	他家 : 남의 집
苦井深 : 우물이 깊다	

贓濫이 滿天下하되 罪拘薄福人이니라.
장 람　　만 천 하　　죄 구 박 복 인

부정한 재물을 취하는 사람이 천하에 가득하되, 죄는 복이 없는 사람에게 걸린다.

贓濫 : 뇌물을 받고 부정한 짓을 저지르다	
罪拘 : 죄로 구속되다	薄福人 : 복이 없는 사람

天若改常이면 不風則雨요
천 약 개 상　　　불 풍 즉 우

人若改常이면 不病則死니라.
인 약 개 상　　　불 병 즉 사

　하늘이 만약 일정한 법칙을 잃으면 바람이 불거나 비가 오고, 사람이 만약 일정한 법도를 어기면 병이 나거나 죽는다.

改常 : 일정한 법도를 바꾸다,　　　　不~則~ : ~하지 않으면 ~하다

壯元詩에 云,
장 원 시　　운

國正天心順이요 官淸民自安이라
국 정 천 심 순　　관 청 민 자 안

妻賢夫禍少요 子孝父心寬이니라.
처 현 부 화 소　　자 효 부 심 관

　〈장원시壯元詩〉에 이르기를,
　나라가 바르면 천심天心도 순하고, 벼슬아치가 청렴하면 온 백성이 저절로 편안하다. 아내가 어질면 남편의 화가 적을 것이요, 자식이 효도하면 아버지의 마음이 너그러워진다.

子曰,
자 왈

木從繩則直하고 人受諫則聖이니라.
목 종 승 즉 직   인 수 간 즉 성

공자孔子께서 말씀하셨다.

"나무가 먹줄을 따라 깎으면 곧아지고, 사람이 남의 충고를 받아들이면 거룩하게 된다."

繩 : 먹줄   諫 : 간언, 충고

一派青山景色幽러니 前人田土後人收라
일 파 청 산 경 색 유   전 인 전 토 후 인 수

後人收得莫歡喜하리 更有收人在後頭니라.
후 인 수 득 막 환 희   갱 유 수 인 재 후 두

한 줄기 푸른 산에 경치가 그윽하더니 앞사람이 가꾸던 밭과 토지를 뒷사람이 거두는구나. 뒷사람은 거두어 얻게 된 것을 기뻐

하지 말라. 다시 거둘 사람이 바로 뒤에 있다.

一派 : 한 줄기	景色幽 : 경치가 그윽하다
歡喜 : 기뻐하다	後頭 : 뒤쪽

蘇東坡曰,
소 동 파 왈

無故而得千金이면 不有大福이라
무 고 이 득 천 금　　불 유 대 복

必有大禍니라.
필 유 대 화

소동파蘇東坡가 말하였다.

"까닭 없이 천금을 얻는다면 큰 복이 있는 것이 아니라 반드시 큰 재앙이 있다."

無故 : 까닭 없이

소동파蘇東坡(1037~1101)

중국 북송 때 제1의 시인이며 이름은 식軾, 자는 자첨子瞻, 호는 동파거사東坡居士이다. 아버지 순洵, 아우 철轍과 함께 '3소三蘇'라고 불리며 모두 당송팔대가에 속했다. 당시唐詩가 서정적이었던 반면에 그의 시는 철학적 요소가 짙었고 새로운 시경詩境을 개척하였다. 소식은 시, 사, 문, 음악, 서법 등에 조예가 깊었고, 정치에도 높은 견해를 가지고 있었다. 21세 때 진사가 되어 벼슬길에 들어

섰으나, 북송 때의 격렬한 변법운동 및 신구 당쟁의 소용돌이 속에서 몇 차례 좌천당하는 등 정치적으로는 불운을 겪었다. 휘종이 왕위를 이은 뒤에 귀양으로부터 풀려나 수도로 돌아가는 도중 상주에서 병사하였다. 저작으로는《동파전집》,《동파악부》,《동파지림》,《구지필기》,《애자잡설》등이 있으며 대표작인《적벽부赤壁賦》는 불후의 명작으로 널리 애창되고 있다.

康節邵先生曰,
강 절 소 선 생 왈

有人來問卜하되 如何是禍福고
유 인 래 문 복   여 하 시 화 복

我虧人是禍요 人虧我是福이니라.
아 휴 인 시 화   인 휴 아 시 복

강절 소선생이 말하였다.

"어떤 사람이 와서 운수(점괘)를 묻되, '어떤 것이 화禍가 되고 어떤 것이 복福이 됩니까?' 하기에 '내가 남을 해롭게 하면 이것이 화요, 남이 나를 해롭게 하면 이것이 복이니라.' 라고 하였다."

問卜 : 운수(점괘)를 묻다   虧 : 해롭게 하다, 손해를 주다

大廈千間이라도 夜臥八尺이요
대 하 천 간   야 와 팔 척

良田萬頃이라도 日食二升이니라.
양 전 만 경　　　일 식 이 승

큰 집이 천 칸이라도 밤에 여덟 자 방에 눕고, 좋은 밭이 만 이랑이 있더라도 하루에 두 되 먹는다.

大廈 : 큰 집	夜臥 : 밤에 눕는 자리
良田 : 좋은 밭	萬頃 : 만 이랑
二升 : 두 되	

19

久住令人賤이요 頻來親也疎라
구 주 령 인 천　　　빈 래 친 야 소

但看三五日에 相見不如初니라.
단 간 삼 오 일　　　상 견 불 여 초

오래 머물면 사람이 천대를 받고, 자주 오면 친하던 사이도 멀어진다. 단지 사흘이나 닷새 만에 서로 보아도 보는 것이 처음만 같지 못하다.

久住 : 오래 머물다	令 : ~하게 하다
頻來 : 자주 오다	不如初 : 처음만 같지 못하다

渴時一滴은 如甘露요
갈 시 일 적　　여 감 로

醉後添盃는 不如無니라.
취 후 첨 배　　불 여 무

　목이 마를 때 한 방울의 물은 감로수甘露水와 같고, 취한 후에 술잔을 더하는 것은 없는 것만 못하다.

渴時 : 목이 마를 때	一滴 : 한 방울의 물
甘露 : 단 이슬	添盃 : 잔을 더하다
不如無 : 없는 것만 못하다, 없는 것이 낫다	

酒不醉人人自醉요 色不迷人人自迷니라.
주 부 취 인 인 자 취　　색 불 미 인 인 자 미

　술이 사람을 취하게 하는 것이 아니라 사람이 스스로 취하는 것이요, 여색이 사람을 미혹시키는 것이 아니라 사람이 스스로 미혹되는 것이다.

人自醉 : 사람이 스스로 취하다	色不迷 : 여색이 미혹시키지 않는다

22

公心_을 若比私心_{이면} 何事不辨_{이며}
공 심 　 약 비 사 심 　 하 사 불 변

道念_을 若同情念_{이면} 成佛多時_{니라.}
도 념 　 약 동 정 념 　 성 불 다 시

　공公을 위하는 마음이 사私를 위하는 마음 같다면 무슨 일인들
옳고 그름을 가려내지 못할 것인가, 도道를 향하는 마음이 만약
정념情念과 같다면 부처의 경지를 이룬 지가 이미 오래일 것이다.

公心 : 공公을 위하는 마음	比 : 같다, 비기다
何事不辨 : 어떤 일인들 가려내지 못하겠는가	成佛 : 부처가 되다

23

濂溪先生曰,
염 계 선 생 왈

巧者言_{하고} 拙者默_{하며} 巧者勞_{하고} 拙者逸_{하며}
교 자 언 　 졸 자 묵 　 교 자 로 　 졸 자 일

巧者賊_{하고} 拙者德_{하며}
교 자 적 　 졸 자 덕

巧者凶_{하고} 拙者吉_{하나니}
교 자 흉 　 졸 자 길

嗚呼_라 天下拙_{이면} 刑政_이 撤_{하여}
오 호 　 천 하 졸 　 형 정 　 철

上安下順하며 風淸弊絶이니라.
상 안 하 순 　 풍 청 폐 절

염계선생濂溪先生이 말하였다.

"교자巧者는 말을 잘하고 졸자拙者는 침묵하며, 교자는 수고롭고 졸자는 한가하다. 교자는 남을 해치고 졸자는 덕성스러우며, 교자는 흉凶하고 졸자는 길吉하다. 아아! 천하가 졸拙하면 형정刑政이 없어져, 위(임금)는 편안하고 아래(백성)는 순종하며, 풍속이 맑고 나쁜 폐단이 없어지리라."

> 巧者 : 잔꾀 많은 사람, 어떤 일에 숙련되어 있는 사람, 덕보다 재주를 앞세우고
> 　　　 자신의 탐욕을 채우는 소인배
> 拙者 : 용렬한 사람. 어리석은 사람, 도를 지키는 사람
> 逸 : 한가하다　　　　　　　　　　刑政 : 형사刑事에 관한 행정
> 撤 : 없어지다, 거두다, 폐하다

염계선생濂溪先生(1017~1073)

중국 북송 시대의 유학자로 성리학의 기초를 닦았다. 자는 무숙茂叔, 이름은 돈이敦頤, 호가 염계이다. 죽은 뒤에 신종에게 '원元'이라는 시호를 받아 '원공元公'으로 불리기도 한다. 주돈이는 중국 성리학의 틀을 만들고 기초를 닦은 인물로 평가된다. 그는 도교와 불교의 주요 인식과 개념들을 받아들여 우주의 원리와 인성에 관한 형이상학적인 새로운 유학 이론을 개척했고, 그의 사상은 정호, 정이 형제와 주희 등을 거치며 이른바 정주학파程朱學派라고 불리는 중국 유학의 중심적 흐름을 형성했다. 때문에 그는 한나라 때의 훈고학을 거치며 끊어졌던 성性과 도道에 관한 철학적 논의를 되살려 유학을 새롭게 부흥시킨 인물이라는 평가를 받는다.

24

易에 曰, 德微而位尊하고
역   왈   덕 미 이 위 존

智小而謀大면 無禍者鮮矣니라.
지 소 이 모 대   무 화 자 선 의

《주역周易》에 이르기를,

덕德은 미약하면서 지위가 높고, 지혜는 작으면서 꾀하는 것이 크면 화를 당하지 않는 자가 드물다.

微 : 미약하다, 보잘것없다

《주역周易》

유교 경전 중 3경三經의 하나인 《역경易經》이다. 이 책은 점복占卜을 위한 원전原典과도 같은 것이며, 동시에 어떻게 하면 조금이라도 흉운을 물리치고 길운을 잡느냐 하는 처세의 지혜이며 나아가서는 우주론적 철학이기도 하다. 주역이란 글자 그대로 주周나라의 역易이란 말이며 주역이 나오기 전에도 하나라 때의 연산역連山易, 상나라의 귀장역歸藏易이라는 역서가 있었다고 한다. 역이란 말은 변역變易, 즉 '바뀐다, 변한다.'는 뜻이며 천지만물이 끊임없이 변화하는 자연현상의 원리를 설명하고 풀이한 것이다.

《주역》은 8괘八卦와 64괘, 그리고 괘사卦辭·효사爻辭·십익十翼으로 되어 있다. 작자에 관하여는 여러 가지 설이 있는데, 왕필王弼은 복희씨伏羲氏가 황하에서 나온 용마의 등에 있는 도형을 보고 계시를 얻어 천문지리를 살피고 만물의 변화를 고찰하여 처음 8괘를 만든 뒤 이를 더 발전시켜 64괘를 만들었다고 하였다. 또 사마천은 복희씨가 8괘를 만들고 문왕이 64괘와 괘사·효사를 만들었다 하였으며, 마용은 괘사는 문왕이 만들고 효사는 주공周公이, 십익은 공자가 만들었다고 하는 등 작자가 명확하지 않다.

25

說苑에 曰,
설원 왈

官怠於宦成하고 病加於小愈하며
관 태 어 환 성   병 가 어 소 유

禍生於懈惰하고 孝衰於妻子니
화 생 어 해 타   효 쇠 어 처 자

察此四者하여 愼終如始니라.
찰 차 사 자   신 종 여 시

《설원說苑》에 이르기를,

관리는 벼슬이 성취되는 데서 게을러지고, 병은 조금 나아진 데
서 심해지며, 재앙은 게으른 데서 생기고, 효도는 처자 때문에 약
해지니 이 네 가지를 살펴서 삼가 끝맺음을 처음과 같이 할지니라.

官怠 : 관직을 태만히 하다   宦成 : 벼슬이 성취되다, 즉 지위가 높아지다

小愈 : 조금 나아지다   懈惰 : 해이해지고 게으르다

孝衰 : 부모에 대한 효성이 쇠퇴하다

愼終如始 : 삼가 끝맺음을 처음과 같이 하다

《설원說苑》

중국의 교훈적인 설화집으로 전한 말에 유향劉向이 편집하였다. 〈군도君道〉,
〈신술臣術〉 등 20편編으로 구성되었다. 같은 저자의 《신서新序》와 그 체제가 비
슷하며, 내용도 중복된 것이 있다. 고대의 제후나 선현들의 행적이나 일화, 우
화 등을 수록한 것이며 위정자를 설득하기 위한 훈계독본으로 이용하였다.

26

器滿則溢하고 人滿則喪이니라.
기 만 즉 일　　인 만 즉 상

그릇이 차면 넘치고, 사람이 차면(자만하면) 잃는다.

溢 : 넘치다　　　　　　　　喪 : 잃다

27

尺璧非寶요 寸陰是競이니라.
척 벽 비 보　　촌 음 시 경

한 자의 구슬이 보배가 아니요,
오직 광음光陰(짧은 시간)을 다투어라.

尺璧 : 한 자의 구슬　　　　　寸陰 : 한 치의 시간, 극히 짧은 시간
競 : 다투다

28

羊羹이 雖美나 衆口는 難調니라.
양 갱　　수 미　　중 구　　난 조

양고기 국이 비록 맛은 좋으나, 여러 사람의 입을 맞추기는 어렵다.

益智書_에 云,
익 지 서　　운

白玉_은 投於泥塗_{라도} 不能汚穢其色_{이요}
백 옥　　투 어 니 도　　불 능 오 예 기 색

君子_는 行於濁地_{라도} 不能染亂其心_{하나니}
군 자　　행 어 탁 지　　불 능 염 란 기 심

故_로 松柏_은 可以耐雪霜_{이요}
고　　송 백　　가 이 내 설 상

明智_는 可以涉危難_{이니라.}
명 지　　가 이 섭 위 난

《익지서益智書》에 이르기를,

　백옥은 진흙 속에 던져도 그 빛을 더럽힐 수 없고, 군자는 혼탁한 곳에 갈지라도 그 마음을 더럽게 물들이거나 어지럽힐 수 없다. 그러므로 소나무와 잣나무는 눈과 서리를 견디어 내고, 현명하고 지혜로운 사람은 위급한 재난을 헤쳐 나간다.

泥塗 : 진흙	汚穢 : 더럽히다
濁地 : 혼탁한 곳	染亂 : 더럽게 물들이거나 어지럽히다
松柏 : 소나무와 잣나무	耐雪霜 : 눈과 서리를 견디다
涉 : 헤쳐 나간다, 극복하다	

入山擒虎는 易하나 開口告人은 難이니라.
입 산 금 호　이　개 구 고 인　난

　산에 들어가 호랑이를 잡기는 쉬우나, 입을 열어 남에게 충고하기는 어렵다.

擒虎 : 호랑이를 잡다　　　　告人 : 남에게 충고하다, 알리다, 고하다

遠水는 不救近火요 遠親은 不如近隣이니라.
원 수　불 구 근 화　원 친　불 여 근 린

　먼 곳에 있는 물이 가까운 불을 끄지 못하듯 먼 친척은 가까운 이웃만 못 하다.

遠親 : 먼 친척　　　　近隣 : 가까운 이웃

太公曰,
태 공 왈

日月이 雖明이나 不照覆盆之下하고
일 월　수 명　부 조 복 분 지 하

刀刃이 雖快나 不斬無罪之人하고
도인 수쾌 불참무죄지인

非災橫禍는 不入愼家之門이니라.
비재횡화 불입신가지문

태공이 말하였다.

"해와 달이 비록 밝으나 엎어놓은 단지의 밑은 비추지 못하고, 칼날이 비록 날카롭지만 죄 없는 사람은 베지 못하고, 나쁜 재앙과 횡액은 조심하는 집 문에는 들지 못한다."

覆盆 : 엎어놓은 단지	刀刃 : 칼날	快 : 날카롭다
斬 : 베다, 자르다	非災 : 뜻밖의 재앙	橫禍 : 뜻밖의 화

33

太公曰,
태공왈

良田萬頃이 不如薄藝隨身이니라.
양전만경 불여박예수신

태공이 말하였다.

"좋은 밭 일만 이랑이 있어도 하찮은 재주를 몸에 지니는 것만 못 하다."

薄藝 : 하찮은 재주, 보잘것없는 기예	隨身 : 몸에 지니다

34

性理書_에 云,
성 리 서　　　운

接物之要_는 己所不欲_을 勿施於人_{하고}
접 물 지 요　기 소 불 욕　　물 시 어 인

行有不得_{이어든} 反求諸己_{니라.}
행 유 부 득　　　　反求諸己
　　　　　　　　　반 구 제 기

《성리서性理書》에 이르기를,

　사물을 접하는 요체는 자기가 하고 싶지 않은 일을 남에게 요구하지 말고, 실행하고도 결과를 얻지 못하면 자기 자신에게서 그 원인을 찾아라.

接物之要 : 사물을 접하는 요체　　　己所不欲 : 자기가 하고 싶지 않은 일

勿施於人 : 남에게 요구하지 말라

行有不得 : 실행하고도 결과를 얻지 못하다

反求諸己 : 도리어 자기에게서 구하다

35

酒色財氣四堵墻_에 多少賢愚在内廂_{이라}
주 색 재 기 사 도 장　　다 소 현 우 재 내 상

若有世人跳得出_{이면} 便是神仙不死方_{이니라.}
약 유 세 인 도 득 출　　변 시 신 선 불 사 방

술과 여색과 재물과 기운의 네 담장 안에 수많은 어진 이와 어리석은 사람이 행랑에 있네. 만약 세상사람 중에 이곳을 뛰쳐나오는 이가 있다면 그것이 바로 신선이요 죽지 않는 방법이다.

堵墻 : 담장, 울타리	廂 : 행랑
跳 : 뛰다	方 : 방법, 처방

立教篇 입교편

가르침을 세워라

1

子曰,
자 왈

立身有義하니 而孝爲本이요
입 신 유 의   이 효 위 본

喪祀有禮하니 而哀爲本이요
상 사 유 례   이 애 위 본

戰陣有列하니 而勇爲本이요
전 진 유 열   이 용 위 본

治政有理하니 而農爲本이요
치 정 유 리   이 농 위 본

居國有道하니 而嗣爲本이요
거 국 유 도   이 사 위 본

生財有時하니 而力爲本이니라.
생 재 유 시   이 력 위 본

공자孔子께서 말씀하셨다.

"몸을 세움에 의義가 있으니 효도가 그 근본이요, 초상과 제사에는 예禮가 있으니 슬퍼함이 그 근본이요, 전투 배치에는 질서가 있으니 용맹이 그 근본이요, 정치를 하는데 이치가 있으니 농사가 그 근본이요, 나라를 지키는데 도道가 있으니 후사後嗣가 그 근본이요, 재물을 생산함에 시기가 있으니 노력이 그 근본이다."

喪祀 : 초상과 제사   戰陣 : 전투 배치, 전쟁에서 진을 치는 일
嗣 : 후사

景行錄에 云,
경 행 록   운

爲政之要는 曰公與淸이요
위 정 지 요   왈 공 여 청

成家之道는 曰儉與勤이니라.
성 가 지 도   왈 검 여 근

《경행록》에 이르기를,

  정사政事를 다스리는 요체는 공정함과 청렴함이요, 집안을 이루는 길은 검소함과 부지런함이다.

爲政之要 : 정사政事를 다스리는 요체
公與淸 : 공정함과 청렴함   儉與勤 : 검소함과 부지런함

讀書는 起家之本이요 循理는 保家之本이요
독 서   기 가 지 본   순 리   보 가 지 본

勤儉은 治家之本이요 和順은 齊家之本이니라.
근 검   치 가 지 본   화 순   제 가 지 본

책을 읽는 것은 집안을 일으키는 근본이요, 이치를 따르는 것은 집안을 보존하는 근본이요, 부지런함과 검소함은 집안을 다스리는 근본이요, 화목과 순종은 집안을 가지런히 하는 근본이다.

循理 : 이치를 따르다   勤儉 : 부지런함과 검소함

和順 : 화목과 순종   齊家 : 집안을 가지런히 하다

4

孔子三計圖에 云,
공 자 삼 계 도   운

一生之計는 在於幼하고
일 생 지 계   재 어 유

一年之計는 在於春하고
일 년 지 계   재 어 춘

一日之計는 在於寅이니
일 일 지 계   재 어 인

幼而不學이면 老無所知요
유 이 불 학   노 무 소 지

春若不耕이면 秋無所望이요
춘 약 불 경   추 무 소 망

寅若不起면 **日無所辦**이니라.
인 약 불 기　　일 무 소 판

공자孔子께서 〈삼계도三計圖〉에 이르기를,

　일생의 계획은 어릴 때에 세우고, 일 년의 계획은 봄에 세우고,
하루의 계획은 새벽에 세우니, 어려서 배우지 않으면 늙어서 아
는 것이 없고, 봄에 밭을 갈지 않으면 가을에 거둘 것이 없으며,
새벽에 일어나지 않으면 그날에 할 일을 하지 못한다.

一生之計 : 일생의 계획　　　　　　幼 : 어리다
寅 : 새벽 3시부터 5시

性理書에 **云,**
성 리 서　　운

五敎之目은 **父子有親**하며
오 교 지 목　　부 자 유 친

君臣有義하며 **夫婦有別**하며
군 신 유 의　　　부 부 유 별

長幼有序하며 **朋友有信**이니라.
장 유 유 서　　　붕 우 유 신

《성리서》에 이르기를,

　다섯 가지 가르침의 조목은, 어버이와 자식 사이에는 서로 친함

이 있어야 하며, 임금과 신하 사이에는 의리가 있어야 하며, 남편과 아내 사이에는 분별이 있어야 하며, 어른과 어린이 사이에는 차례가 있어야 하며, 친구 사이에는 믿음이 있어야 하는 것이다.

目 : 조목, 세목, 항목　　　　　　　序 : 차례, 순서

三綱은 **君爲臣綱**이요
삼　강　　군　위　신　강

父爲子綱이요 **夫爲婦綱**이니라.
부　위　자　강　　　부　위　부　강

세 가지 벼리란, 임금은 신하의 벼리(근본)가 됨이요, 아버지는 자식의 벼리가 됨이요, 남편은 아내의 벼리가 된다는 것이다.

綱 : 벼리(그물을 꿰는 굵은 줄), 사물의 근본을 뜻함

王蠋曰,
왕　촉　왈

忠臣은 **不事二君**이요 **烈女**는 **不更二夫**니라.
충　신　　불　사　이　군　　　열　녀　　불　경　이　부

왕촉王蠋이 말하였다.

"충신은 두 임금을 섬기지 않고, 열녀는 두 지아비를 섬기지 않는다."

更 : 바꾸다

왕촉王蠋(?~BC 284)

전국시대 제齊나라 사람. 낙의樂毅가 처음 제나라를 격파했을 때 그가 어질다는 소문을 듣고 군대에 명령해 화읍 주변 30리를 포위하도록 해 들어가지 못하도록 하고 예의를 갖춰 만가萬家에 봉하고는 연燕나라를 돕도록 청했다. 그러나 그는 끝내 사양하고 나아가지 않았는데, 연나라 사람들이 위협하자 나무에 목을 매 자살했다.

忠子曰,
충 자 왈

治官엔 莫若平이요 臨財엔 莫若廉이니라.
치 관　　막 약 평　　　　임 재　　막 약 렴

충자忠子가 말하였다.

"관청의 일을 처리할 때는 공평함이 제일이고, 재물을 대할 때는 청렴함이 제일이다."

平 : 공평함　　　　　　　　　　　臨財 : 재물을 대하다, 재물에 임하다
廉 : 청렴함

9

張思叔座右銘에 曰,
장 사 숙 좌 우 명 왈

凡語를 必忠信하며 凡行을 必篤敬하며
범 어 필 충 신 범 행 필 독 경

飮食을 必愼節하며 字畵을 必楷正하며
음 식 필 신 절 자 획 필 해 정

容貌를 必端莊하며 衣冠을 必肅整하며
용 모 필 단 장 의 관 필 숙 정

步履를 必安詳하며 居處를 必正靜하며
보 리 필 안 상 거 처 필 정 정

作事를 必謀始하며 出言을 必顧行하며
작 사 필 모 시 출 언 필 고 행

常德을 必固持하며 然諾을 必重應하며
상 덕 필 고 지 연 낙 필 중 응

見善如己出하며 見惡如己病하라
견 선 여 기 출 견 악 여 기 병

凡此十四者는 皆我未深省이라
범 차 십 사 자 개 아 미 심 성

書此當座右하여 朝夕視爲警하노라.
서 차 당 좌 우 조 석 시 위 경

장사숙張思叔의 〈좌우명座右銘〉에 이르기를,

무릇 말은 반드시 충실하고 믿음이 있게 하며,

행실은 반드시 돈독히 하고 공경히 하며,

음식은 반드시 삼가고 알맞게 하며,

글씨는 반드시 반듯하고 바르게 쓰며,

용모는 반드시 단정하고 정중하게 하며,

의관은 반드시 엄숙하고 바르게 하며,

걸음걸이는 반드시 편안하고 점잖게 하며,

거처하는 곳은 반드시 바르고 정숙하게 하며,

일하는 것은 반드시 계획을 세워 시작하며,

말을 할 때는 반드시 그 행동을 돌아보며,

평상의 덕德은 반드시 굳게 지키며,

허락은 반드시 신중히 응하며,

착함을 보거든 내게서 나온 것같이 여기며,

잘못을 보거든 내 병인 것처럼 여겨라.

무릇 이 열네 가지는 모두 내가 아직 깊이 살피지 못한 것이다.

이것을 써서 자리의 오른쪽에 붙이고 아침저녁으로 보고 경계하노라.

楷正 : 반듯하고 바르게	端莊 : 단정하고 정중하게
步履 : 걸음걸이	安詳 : 편안하고 점잖게
作事 : 일을 하다	謀始 : 계획을 세워 시작하다
顧行 : 행동을 돌아보다	固持 : 굳게 지키다
然諾 : 그렇게 하겠다고 승낙承諾하다	
重應 : 신중히 응하다	深省 : 깊이 살피다
座右 : 자리의 오른쪽	警 : 경계, 경구

장사숙張思叔

중국 북송 때의 학자로 이름은 역繹이고 사숙의 그의 자이다. 성리학의 대가로
정이천의 제자이다.

范益謙座右銘에 曰,
범 익 겸 좌 우 명   왈

一 不言朝廷利害邊報差除요
일   불 언 조 정 이 해 변 보 차 제

二 不言州縣官員長短得失이요
이   불 언 주 현 관 원 장 단 득 실

三 不言衆人所作過惡之事요
삼   불 언 중 인 소 작 과 악 지 사

四 不言仕進官職趨時附勢요
사   불 언 사 진 관 직 추 시 부 세

五 不言財利多少厭貧求富요
오   불 언 재 리 다 소 염 빈 구 부

六 不言淫媟戱慢評論女色이요
육   불 언 음 설 희 만 평 론 여 색

七 不言求覓人物干索酒食이라
칠   불 언 구 멱 인 물 간 색 주 식

又人附書信을 不可開坼沈滯요
우 인 부 서 신   불 가 개 탁 침 체

159

與人竝坐에 不可窺人私書요
여인병좌 불가규인사서

凡入人家에 不可看人文字요
범입인가 불가간인문자

凡借人物에 不可損壞不還이요
범차인물 불가손괴불환

凡喫飲食에 不可揀擇去取요
범끽음식 불가간택거취

與人同處에 不可自擇便利요
여인동처 불가자택편리

凡人富貴를 不可歎羨詆毁라
범인부귀 불가탄선저훼

凡此數事에 有犯之者면
범차수사 유범지자

足以見用意之不肖니
족이견용의지불초

於存心修身에 大有所害라
어존심수신 대유소해

因書以自警하노라.
인서이자경

범익겸范益謙의 〈좌우명座右銘〉에 이르기를,

첫째, 조정의 이해와 변방의 보고와 관직의 임명에 대하여 말하지 말 것이요,

둘째, 지방 관원의 장단점과 득실에 대하여 말하지 말 것이요,

셋째, 여러 사람이 저지른 잘못과 나쁜 일을 말하지 말 것이요,

넷째, 벼슬에 나아가는 것과 관직에 있으면서 기회를 따라 권세에 아부하는 일에 대하여 말하지 말 것이요,

다섯째, 재물과 이익이 많고 적음이나 가난을 싫어하고 부자가 되기를 원한다고 말하지 말 것이요,

여섯째, 음탕하고 난잡스러운 말로 희롱하거나 여색에 대한 평판을 말하지 말 것이요,

일곱째, 남의 물건을 요구하거나 술이나 음식을 얻으려는 말을 하지 말라.

또 남이 편지를 부탁하거든 중간에 뜯어보거나 지체해서는 안 되며, 남과 함께 앉아 있을 때 그의 사사로운 글을 엿보아서는 안 되며, 무릇 남의 집에 들어가서 남의 문자를 훑어보아서는 안 되며, 남의 물건을 빌렸거든 이를 손상시키거나 돌려주지 않아서는 안 되며, 무릇 음식을 먹을 때는 가려먹거나 버리거나 취해서는 안 되며, 남과 같이 있으면서 자기만 편하려고 해서는 안 되며, 무릇 남의 부귀를 부러워하거나 헐뜯어서는 안 된다.

무릇 이 몇 가지 일을 범하는 자가 있으면 그 마음 씀씀이가 바르지 않음을 볼 수 있으니, 마음을 보존하고 몸을 닦는데 크게 해로움이 있는지라, 이 때문에 이 글을 써서 스스로를 경계하노라.

邊報 : 변방의 보고　　　　差除 : 관리를 파견하여 벼슬에 임명하다

州縣 : 주와 현(지방의 행정단위)

趨時附勢 : 기회를 따라 권세에 아부하다

厭貧求富 : 가난을 싫어하고 부자가 되기를 구하다

淫媒戲慢 : 음탕하고 난잡스러운 말로 희롱하다

求覓人物 : 남의 물건을 요구하여 탐하다

干索 : 무리하게 요구하다　　　　附 : 부탁하다

開坼 : 뜯어보다　　　　　　　　沈滯 : 지체하다

竝坐 : 함께 앉다　　　　　　　　窺 : 엿보다

損壞 : 손상하고 파괴하다　　　　揀擇 : 가려서 택하다

歎羨詆毀 : 탄식하고 부러워하고 흉보고 헐뜯다

범익겸范益謙(1067~1141)

중국 남송 때의 학자이며 이름은 충沖, 자는 원장元長이고, 범조우의 아들이다. 철종 소성 원년(1094)에 진사가 되었고, 소흥 4년(1134)에 종정소경겸직사관이 되어 신종과 철종의 실록을 중수했다. 성격이 의리를 좋아하고 선행을 즐겨 사마광의 가속家屬들이 모두 그에게 의지했는데, 그도 잘 돌보았다.

11

武王이 問太公曰,
무왕　　문태공왈

人居世上에 何得貴賤貧富不等고
인거세상　　하득귀천빈부부등

願聞說之하여 欲知是矣로이다.
원문설지　　욕지시의

太公曰, 富貴는 如聖人之德하여
태공왈　부귀　여성인지덕

皆由天命이어니와 富者는 用之有節하고
개 유 천 명 　　　　　 부 자 　 용 지 유 절

不富者는 家有十盜니이다.
불 부 자 　 가 유 십 도

무왕武王이 태공太公에게 물었다.

"사람이 세상을 살아가는데 있어서 어찌하여 귀천과 빈부가 고르지 않습니까? 원컨대 이에 대한 말씀을 들어 그 까닭을 알고자 합니다."

태공이 대답하였다.

"부귀는 성인의 덕과 같아서 모두 하늘이 준 운명에 의한 것이기는 하지만, 부자는 쓰는 것이 절도가 있고, 가난한 자는 집안에 열 가지 도둑이 있기 때문입니다."

不等 : 고르지 않다　　　　　　　十盜 : 열 가지 도둑

무왕武王(?~BC 1043?)

성姓은 희姬이고 이름은 발發이다. 주周 문왕文王 희창姬昌의 둘째 아들이므로 중발仲發이라고도 한다. 기원전 1050년 무렵부터 희창의 뒤를 이어 관중평야에 중심지를 둔 주족周族을 이끌었으며, 서쪽 제후들을 규합해 상나라를 멸망시키고 주나라를 건국하였다. 하지만 무왕은 주나라를 건국한 지 3년 만에 병사하였다. 그 뒤를 이은 성왕은 아직 나이가 어렸으므로 무왕의 동생인 주공이 섭정이 되어(주공이 왕위를 이었다는 학설도 있다.) 통치하였다. 무왕은 아버지인 문왕과 함께 요堯나 순舜, 하夏의 우禹, 상商의 탕왕湯王과 더불어 후대에 성왕으로 숭앙되었다.

武王曰, 何謂十盜닛고
무왕왈 하위십도

太公曰, 時熟不收 爲一盜요
태공왈 시숙불수 위일도

收積不了 爲二盜요
수적불료 위이도

無事燃燈寢睡 爲三盜요
무사연등침수 위삼도

慵懶不耕이 爲四盜요 不施功力이 爲五盜요
용라불경 위사도 불시공력 위오도

專行巧害 爲六盜요 養女太多 爲七盜요
전행교해 위육도 양녀태다 위칠도

晝眠懶起 爲八盜요 貪酒嗜慾이 爲九盜요
주면라기 위팔도 탐주기욕 위구도

强行嫉妒 爲十盜니이다.
강행질투 위십도

무왕이 다시 물었다.

"열 가지 도둑이 무엇입니까?"

태공이 대답하였다.

"때맞게 익은 곡식을 거두지 않는 것이 첫째 도둑이요,

거두어들여 창고에 쌓는 일을 마치지 않는 것이 둘째 도둑이요,

아무 일 없이 등불을 켜놓고 잠자는 것이 셋째 도둑이요,

게을러서 밭을 갈지 않는 것이 넷째 도둑이요,

일을 이루기 위해 노력하지 않는 것이 다섯째 도둑이요,

오로지 교활하고 해로운 일만 행하는 것이 여섯째 도둑이요,

딸을 너무 많이 기르는 것이 일곱째 도둑이요,

낮잠을 자고 아침에 일어나기를 게을리하는 것이 여덟째 도둑이요,

술을 탐하고 욕심을 부리는 것이 아홉째 도둑이요,

남을 몹시 질투하는 것이 열째 도둑입니다."

時熟 : 때맞게 익다	不收 : 거두지 않다
了 : 마치다, 끝내다	燃燈 : 등불을 켜다
寢睡 : 자리에 누워 자다	慵懶 : 게으르고 나태하다
專行巧害 : 교활하고 해로운 일을 제 마음대로 행하다	
貪酒嗜慾 : 술을 탐하고 욕심을 부리다	强行嫉妬 : 몹시 질투하다

13

武王曰, 家無十盜而不富者는 何如닛고
무 왕 왈　 가 무 십 도 이 불 부 자　　하 여

太公曰, 人家에 必有三耗니이다.
태 공 왈　 인 가　 필 유 삼 모

武王曰, 何名三耗닛고
무 왕 왈　 하 명 삼 모

太公曰, 倉庫漏濫不蓋하여
태 공 왈　 창 고 루 람 불 개

鼠雀亂食이 爲一耗요 收種失時 爲二耗요
서 작 난 식   위 일 모   수 종 실 시 위 이 모

抛撒米穀穢賤이 爲三耗니이다.
포 살 미 곡 예 천   위 삼 모

그러자 무왕이 다시 물었다.

"집안에 열 가지 도둑이 없는데도 부유하지 못한 것은 무슨 까닭입니까?"

태공이 대답하였다.

"그런 사람의 집에는 반드시 재물을 덜어내는 세 가지[三耗]가 있습니다."

무왕이 물었다.

"세 가지 덜어내는 것은 무엇입니까?"

태공이 대답하였다.

"창고가 새거나 넘치는데도 지붕을 덮지 않아서 쥐와 참새들이 어지럽게 먹어대는 것이 첫 번째 덜어내는 것이요, 거두고 심는 때를 놓치는 것이 두 번째 덜어내는 것이요, 곡식을 버리고 흩어지게 하여 더럽고 천하게 하는 것이 세 번째 덜어내는 것입니다."

三耗 : 세 가지 덜어내는 것	漏濫 : 새거나 넘치다
不蓋 : 덮지 않다	鼠雀 : 쥐와 참새
亂食 : 어지럽게 먹다, 마구 먹다	抛撒 : 던지고 흩뜨리다
穢賤 : 더럽고 천하다	

武王曰, 家無三耗而不富者는 何如닛고
무 왕 왈 가 무 삼 모 이 불 부 자 하 여

太公曰, 人家에 必有一錯 二誤 三痴
태 공 왈 인 가 필 유 일 착 이 오 삼 치

四失 五逆 六不祥 七奴 八賤 九愚
사 실 오 역 육 불 상 칠 노 팔 천 구 우

十强하여 自招其禍요 非天降殃이니이다.
십 강 자 초 기 화 비 천 강 앙

무왕이 물었다.

"집안에 세 가지 덜어내는 것이 없는데도 부유하지 못한 것은 무슨 까닭입니까?"

태공이 대답하였다.

"그런 사람의 집에는 첫째 어긋남[錯], 둘째 일을 그르침[誤], 셋째 미련함[痴], 넷째 잃음[失], 다섯째 거스름[逆], 여섯째 상서롭지 못함[不祥], 일곱째 종의 행세[奴, 상스러움], 여덟째 천함[賤], 아홉째 어리석음[愚], 열째 지나치게 뻔뻔함[强]이 있어서 스스로 화를 부르는 것이지 하늘이 재앙을 내리는 것은 아닙니다."

錯 : 어긋남	誤 : 그르침, 잘못	痴 : 미련함
失 : 잃음	逆 : 거스름	不祥 : 상서롭지 못함, 나쁨, 좋지 않음
奴 : 종의 행세, 상스러움		賤 : 천함
愚 : 어리석음	强 : 뻔뻔함	降殃 : 재앙을 내리다

武王曰, 願悉聞之하나이다.
무 왕 왈   원 실 문 지

太公曰, 養男不敎訓이 爲一錯이요
태 공 왈   양 남 불 교 훈   위 일 착

嬰孩不訓이 爲二誤요
영 해 불 훈   위 이 오

初迎新婦不行嚴訓이 爲三痴요
초 영 신 부 불 행 엄 훈   위 삼 치

未語先笑가 爲四失이요
미 어 선 소   위 사 실

不養父母가 爲五逆이요
불 양 부 모   위 오 역

夜起赤身이 爲六不祥이요
야 기 적 신   위 육 불 상

好挽他弓이 爲七奴요
호 만 타 궁   위 칠 노

愛騎他馬가 爲八賤이요
애 기 타 마   위 팔 천

喫他酒勸他人이 爲九愚요
끽 타 주 권 타 인   위 구 우

喫他飯命朋友가 爲十强이니다.
끽 타 반 명 붕 우   위 십 강

武王曰, 甚美誠哉라 是言也라!
무 왕 왈   심 미 성 재   시 언 야

그러자 무왕이 말하였다.

"그 자세한 내용을 모두 듣고자 합니다."

태공이 대답하였다.

"아들을 낳아 기르며 가르치지 않는 것이 첫째의 어긋남이요,

어린아이를 훈계하지 않는 것이 둘째의 그르침이요,

처음 아내를 맞이하여 엄하게 가르치지 않는 것이 셋째의 미련함이요,

남이 말하기 전에 먼저 웃는 것이 넷째의 잃음이요,

부모를 봉양하지 않는 것이 다섯째의 거스름이요,

밤에 알몸으로 일어나는 것이 여섯째의 상서롭지 못함이요,

남의 활을 가지고 쏘기를 좋아하는 것이 일곱째의 상스러움이요,

남의 말을 타기 좋아하는 것이 여덟째의 천함이요,

남의 술을 마시면서 다른 사람에게 권하는 것이 아홉째의 어리석음이요,

남의 밥을 먹으면서 벗에게 명령하는 것이 열째의 뻔뻔함입니다."

무왕이 감탄하며 말하였다.

"참으로 아름답고 진실하구나, 이 말씀이여."

悉 : 자세히, 전부, 모두, 다, 남김없이	嬰孩 : 어린아이
嚴訓 : 엄한 가르침	赤身 : 알몸
挽 : 당기다, 쏘다	騎 : 말을 타다

169

治政篇 치정편

정치를 잘하라

明道先生曰,
명 도 선 생 왈

一命之士 苟有存心於愛物이면
일 명 지 사 구 유 존 심 어 애 물

於人必有所濟니라.
어 인 필 유 소 제

명도선생明道先生이 말하였다.

"처음으로 벼슬을 얻은 사람이 진실로 사물을 사랑하는 마음이
있으면, 반드시 다른 사람을 구제할 수 있을 것이다."

一命之士 : 처음으로 벼슬을 얻은 사람(관직은 일명에서 구명까지 있음)

명도선생明道先生(1032~1085)

중국 북송 중기의 유학자이며 이름은 정호程顥, 자 백순伯淳, 호가 명도明道이
며, 시호는 순純이다. 존칭으로 명도선생이라 불리고, 동생 정이와 함께 이정자
二程子로 알려졌다. 아버지 정향程珦이 남안의 판관이었을 때 주돈이를 한 번
보고 아들 형제를 그의 제자로 입문시켰다고 한다.

그는 '이기일원론理氣一元論', '성즉이설性則理說'을 주창하였는데, 그의 사상
은 동생 정이를 거쳐 주자에게 큰 영향을 주어 송나라 새 유학의 기초가 되었고,
정주학의 중핵을 이루었다.

2

唐太宗御製에 **云,**
당 태 종 어 제   운

上有麾之하고 **中有乘之**하고 **下有附之**하여
상 유 휘 지   중 유 승 지   하 유 부 지

幣帛衣之요 **倉廩食之**하니
폐 백 의 지   창 름 식 지

爾俸爾祿이 **民膏民脂**니라
이 봉 이 록   민 고 민 지

下民은 **易虐**이어니와 **上蒼**은 **難欺**니라.
하 민   이 학   상 창   난 기

당태종唐太宗 〈어제御製〉에 이르기를,

위에는 지휘하는 임금이 있고, 중간에는 그 지시를 받아 다스리는 관원이 있고, 그 아래에는 이에 따르는 백성이 있는데, 백성이 바친 비단으로 옷을 지어 입고 곳간에 있는 곡식으로 밥을 지어 먹으니, 너희의 녹봉은 모두 백성들의 기름이다. 관리들은 아래에 있는 백성들을 학대하기 쉽지만, 위에서 내려다보는 푸른 하늘은 속이기 어렵다.

麾之 : 지휘하다

乘之 : 다스리다

附之 : 따르다, 덧붙이다

幣帛 : 비단

倉廩 : 곳간, 창고

易虐 : 학대하기 쉽다

難欺 : 속이기 어렵다

당태종唐太宗(599~649)

당나라의 제2대 황제(재위 626~649)이며 본명은 이세민이다. 천성이 총명하고 사려가 깊으며 무술과 병법에 뛰어났다. 수나라 양제의 폭정으로 내란의 양상이 짙어지자 아버지를 설득하여 군사를 일으켜 장안을 점령하고 당나라를 수립하였다. 626년 아버지의 양위를 받아 즉위했는데 당시 그의 나이는 28세였다.

당태종은 제위에 올라 연호를 정관貞觀으로 고쳤으며 널리 인재를 고르게 등용하였고, 백성을 불쌍히 여기는 지극히 공정한 정치를 하기에 힘썼다. 그러므로 그의 치세는 '정관지치貞觀之治'라 칭송받았고, 후세 제왕의 모범이 되었다. 그러나 좋은 후계자를 두지 못하였고, 만년의 고구려 친정 실패 등으로 그가 죽은 뒤에는 정권이 동요하게 되었으며, 마침내 측천무후가 실권을 장악하게 되었다.

3

童蒙訓에 曰,
동 몽 훈　　 왈

當官之法이 唯有三事하니
당 관 지 법　 유 유 삼 사

曰淸 曰愼 曰勤이라
왈 청　 왈 신　 왈 근

知此三者면 知所以持身矣니라.
지 차 삼 자　 지 소 이 지 신 의

《동몽훈童蒙訓》에 이르기를,

관리된 자가 지켜야 할 법은 오직 세 가지가 있으니 청렴과 신중과 근면이다. 이 세 가지를 알면 몸가짐의 방법을 아는 것이다.

當官之法 : 관리된 자가 지켜야 할 법

所以 : 바탕

持身 : 몸가짐

《동몽훈童蒙訓》

¦ 중국 송나라 때 여본중呂本中이 아이들을 가르치기 위해 엮은 책이다.

4

當官者는 必以暴怒爲戒하여
당 관 자   필 이 폭 노 위 계

事有不可어든 當詳處之면 必無不中이어니와
사 유 불 가   당 상 처 지   필 무 부 중

若先暴怒면 只能自害라 豈能害人이리오.
약 선 폭 노   지 능 자 해   기 능 해 인

관직에 있는 사람은 반드시 갑자기 성내는 것을 경계하여, 일에 옳지 않음이 있거든 마땅히 자세히 살펴서 처리하면 반드시 적절하게 될 것이며, 만약 먼저 버럭 화부터 내면 단지 스스로를 해롭게 할 뿐이지 어찌 남을 해칠 수 있으리오.

當官者 : 관직에 있는 사람

爲戒 : 경계하다

事有不可 : 일에 옳지 않음이 있거든

暴怒 : 버럭 화내다

豈能害人 : 어찌 남을 해칠 수 있으랴

事君을 如事親하고 事官長을 如事兄하고
사 군　여 사 친　　사 관 장　여 사 형

與同僚를 如家人하고 待群吏를 如奴僕하고
여 동 료　여 가 인　　대 군 리　여 노 복

愛百姓을 如妻子하고
애 백 성　여 처 자

處官事를 如家事然後에야
처 관 사　여 가 사 연 후

能盡吾之心이니 如有毫末不至면
능 진 오 지 심　　여 유 호 말 부 지

皆吾心에 有所未盡也니라.
개 오 심　유 소 미 진 야

　임금 섬기기를 어버이 섬기듯이 하고, 윗사람 섬기기를 형님 섬기듯이 하고, 동료와 사귀기를 집안사람같이 하고, 여러 아전 대하기를 자기 집 노복奴僕같이 하고, 백성 사랑하기를 내 아내와 자식처럼 하고, 관청의 일처리를 내 집안일처럼 하고 난 뒤에야 내 마음을 다한 것이니 만약 털끝만큼이라도 지극하지 못함이 있으면 이것은 모두가 내 마음에 다하지 못한 바가 있는 것이다.

群吏 : 여러 아전	奴僕 : 종, 하인
吾之心 : 내 마음	毫末 : 털끝
有所未盡 : 다하지 못한 바가 있다	

6

或問, 簿는 佐令者也니
혹 문 부 좌 령 자 야

簿所欲爲를 令或不從이면 奈何닛고
부 소 욕 위 영 혹 부 종 내 하

伊川先生曰, 當以誠意動之니라
이 천 선 생 왈 당 이 성 의 동 지

今令與簿不和는 便是爭私意요
금 령 여 부 불 화 변 시 쟁 사 의

令은 是邑之長이니
영 시 읍 지 장

若能以事父兄之道로 事之하여
약 능 이 사 부 형 지 도 사 지

過則歸己하고 善則唯恐不歸於令하여
과 즉 귀 기 선 즉 유 공 불 귀 어 령

積此誠意면 豈有不動得人이리오.
적 차 성 의 기 유 부 동 득 인

어떤 사람이 물었다.

"주부主簿는 현령縣令을 보좌하는 자입니다. 주부가 하고자 하
는 일을 현령이 혹시 따르지 않으면 어떻게 합니까?"

이천선생伊川先生이 대답하였다.

"마땅히 정성스런 마음으로 그를 움직여야 할 것이다. 현령과
주부가 화목하지 않는 것은 곧 사사로운 마음으로 다투는 것이다.

현령은 고을의 우두머리이니 부형父兄을 섬기는 도리로 그를 섬겨서 잘못은 자신에게로 돌리고 잘한 것은 행여 현령에게로 돌아가지 않으면 어떡할까 하는 마음을 가지고 늘 정성스런 마음을 쌓는다면, 어찌 사람을 감동시켜 움직이지 못하겠는가?"

簿 : 주부(문서를 다루는 부서)　　佐 : 보좌하다, 돕다
令 : 현령　　　　　　　　　　　奈何 : 어떻게 하겠는가
歸己 : 자신에게로 돌리다

이천선생伊川先生(1033~1107)

중국 북송 중기의 유학자이며 이름은 정이程頤, 자는 정숙正叔, 호가 이천伊川이며 시호는 정공正公이다. 이천백伊川伯에 봉해졌으므로 이천선생이라 존칭된다. 형 정호와 함께 주돈이에게 배웠고, 형과 아울러 '이정자二程子'라 불리며 정주학의 창시자로 알려졌다. 그는 《역경》에 대한 연구가 특히 깊었고, '이기이원론'의 철학을 수립하여 큰 업적을 남겼다. 그의 철학은 주자에게 계승되어 《태극도설》과 《태극도설해》에 나타나 있다. 저서에 《역전易傳》 4권이 있으며, 그의 학설은 형의 학설과 함께 서필달의 《이정전서》에 수록되었다. 또 그의 전기는 주자가 지은 《이락연원록》에 실려 있다.

7

劉安禮問 臨民한대 明道先生曰,
유 안 례 문　임 민　　　명 도 선 생 왈

使民으로 各得輸其情이니라
사 민　　　각 득 수 기 정

問御吏한대 曰正己以格物이니라.
문 어 리　　　왈 정 기 이 격 물

유안례가 백성을 대하는 도리를 묻자, 명도선생이 말하였다.

"백성으로 하여금 각각 그들의 뜻을 펼 수 있도록 하는 것이다."

아전을 거느리는 도리를 묻자, 다시 대답하였다.

"자신을 바르게 함으로써 다른 사람을 바르게 하는 것이다."

輸其情 : 그 뜻을 펴다   御吏 : 아전을 거느리다

正己 : 자신을 바르게 하다   格物 : 다른 사람을 바르게 하다

유안례劉安禮
┆ 중국 북송 때 사람으로 자는 원소元素이다.

抱朴子_에 曰,
포 박 자   왈

迎斧鉞而正諫_{하며} 據鼎鑊而盡言_{이면}
영 부 월 이 정 간   거 정 확 이 진 언

此謂忠臣也_{이니라.}
차 위 충 신 야

《포박자抱朴子》에 이르기를,

비록 도끼에 맞아 죽더라도 바르게 간하며, 가마솥에 넣어 삶아
죽더라도 옳은 말을 다하면 이 사람이 바로 충신이다.

斧鉞 : 도끼   據 : 넣다

鼎鑊 : 가마솥

포박자抱朴子(283~343?)

중국 진晉나라 때의 학자, 도사, 연단가煉丹家(도가道家에서 불로장생을 위하여 만든 약을 먹는 사람들의 집단)이며 성은 갈葛, 이름은 홍洪, 자는 치천稚川, 포박자는 호이다. '석빙의 난'(303) 때 공을 세워 열후 바로 아래인 제2위의 작위 관내후가 되었다. 또 그는 역사에 재능이 있었는데, 그것이 인정되어 산기상시대저작散騎常侍大著作으로 추천되었으나 노령을 이유로 사퇴하고, 나부산에 들어가 저술과 연단에 전념하였다. 방대한 저서를 남겼는데 주요한 것으로 《포박자》, 《신선전》 등이 있다.

治家篇 치가편

집안을 잘 다스려라

司馬溫公曰,
사 마 온 공 왈

凡諸卑幼는 事無大小이 毋得專行하고
범 제 비 유 사 무 대 소 무 득 전 행

必咨稟於家長이니라.
필 자 품 어 가 장

사마온공司馬溫公이 말하였다.

"무릇 손아래의 어린 사람들은 큰일이든 작은 일이든 제멋대로 행동하지 말고 반드시 집안 어른께 여쭈어야 한다."

卑幼 : 손아래의 어린 사람	毋得 : 하면 안 된다
咨稟 : 윗사람에게 여쭈다	

待客엔 不得不豊이요 治家엔 不得不儉이니라.
대 객 부 득 불 풍 치 가 부 득 불 검

손님 접대는 풍성하게 하지 않을 수 없으며, 가정의 살림살이는 검소하지 않을 수 없다.

不得不 : ~하지 않을 수 없다, ~해야 한다   豊 : 풍성하다

3

太公曰, 痴人은 畏婦하고 賢女는 敬夫니라.
태 공 왈   치 인   외 부   현 녀   경 부

태공이 말하였다.
"어리석은 사람은 아내를 두려워하고, 어진 여자는 남편을 공경한다."

痴 : 어리석다   畏 : 두려워하다

4

凡使奴僕에 先念飢寒이니라.
범 사 노 복   선 념 기 한

무릇 하인을 부릴 때에는 먼저 그들의 배고픔과 추위를 염려하라.

飢寒 : 배고픔과 추위

5

子孝雙親樂이요 家和萬事成이니라.
자 효 쌍 친 락   가 화 만 사 성

자식이 효도하면 어버이가 즐겁고, 집안이 화목하면 모든 일이
잘 이루어진다.

雙親 : 양친, 어버이, 부모   家和 : 집안이 화목하다

時時防火發하고 夜夜備賊來니라.
시 시 방 화 발   야 야 비 적 래

항상 불이 나는 것을 막고, 밤마다 도적이 드는 것을 방비하라.

時時 : 항상, 언제나, 때때로   夜夜 : 밤마다

景行錄에 云,
경 행 록   운

觀朝夕之早晏하여 可以卜人家之興替니라.
관 조 석 지 조 안   가 이 복 인 가 지 흥 체

《경행록》에 이르기를,
　아침밥과 저녁밥의 이르고 늦음을 보아, 그 집안이 흥하고 쇠할
것을 점칠 수 있다.

早晏 : 이르고 늦음   興替 : 흥하고 쇠함

8

文仲子曰,
문 중 자 왈

婚娶而論財는 夷虜之道也니라.
혼 취 이 론 재　이 로 지 도 야

문중자文仲子가 말하였다.

"시집가고 장가가는데 재물을 논하는 것은 오랑캐의 도리이다."

婚娶 : 시집가고 장가가다	夷虜 : 오랑캐

문중자文仲子(580~617)

중국 수나라의 사상가이며 이름은 왕통王通, 자는 중엄仲淹, 시호가 문중자文仲子이다. 당나라 왕발의 조부이며, 어려서부터 시·서·예·역易에 통달, 스스로 유학자임을 자부하고 강학에 힘을 쏟았다. 《문중자》(10권)를 세상에 남겼다.

安義篇 안의편

의리 있게 살아라

顔氏家訓에 曰,
안 씨 가 훈　왈

夫有人民而後에 有夫婦하고
부 유 인 민 이 후　유 부 부

有夫婦而後에 有父子하고
유 부 부 이 후　유 부 자

有父子而後에 有兄弟하니
유 부 자 이 후　유 형 제

一家之親은 此三者而已矣라
일 가 지 친　차 삼 자 이 이 의

自玆以往으로 至于九族히 皆本於三親焉이라
자 자 이 왕　지 우 구 족　개 본 어 삼 친 언

故로 於人倫에 爲重也니 不可無篤이니라.
고　어 인 륜　위 중 야　불 가 무 독

《안씨가훈顔氏家訓》에 이르기를,

　사람이 있은 후에 부부가 있고 부부가 있은 후에 부자가 있고 부자가 있은 후에 형제가 있나니, 한 집안의 가장 친한 관계는 이 세 가지뿐이다. 여기에서 나아가 구족九族에 이르기까지 모두 이 삼친三親(부부, 부자, 형제)에 뿌리를 둔다. 그러므로 삼친은 인륜에 있어서 가장 중요한 것이니 서로 돈독하게 하지 않을 수 없다.

而已矣 : ~일 뿐이다	自玆以往 : 여기에서 나아가

九族 : 9대(자기로부터 위로 4대, 아래로 4대, 즉 고조, 증조, 조부, 부, 본인, 아들, 손
　　　자, 증손, 현손까지의 친족 전부를 말함)

三親 : 부부, 부자, 형제	不可無 : ~하지 않으면 안 된다, ~해야 한다

《안씨가훈顔氏家訓》

중국 남북조시대 말기의 귀족 안지추(531~591)가 자손을 위하여 저술한 교훈
서로, 가족, 도덕, 대인관계를 비롯하여 구체적인 경제생활, 풍속, 학문, 종교
나아가서는 문자, 음운 등 다양한 내용을 구체적인 체험과 풍부한 사례를 바탕
으로 하여 논하였다. 당시 귀족생활의 실태를 아는데 중요한 자료이다. 안지추
는 남조의 양나라에서 태어났는데 강릉이 서위西魏에게 함락되었을 때 관중으
로 옮겼으며, 후에 북제北齊로 탈출하였으나 북제가 북주北周에게 멸망당하자
재차 관중으로 옮기는 등 전변轉變하는 인생을 살았다. 그 사이에 터득한 실제
적인 인생관이 높은 교양에 뒷받침되어 이 책의 기조를 이루었다.

2

莊子曰,
장 자 왈

兄弟는 爲手足하고 夫婦는 爲衣服이니
형 제　　위 수 족　　　부 부　　위 의 복

衣服破時엔 更得新이어니와
의 복 파 시　　갱 득 신

手足斷處엔 難可續이니라.
수 족 단 처　　난 가 속

장자가 말하였다.

"형제는 수족手足과 같고 부부는 의복과 같은 존재이니, 의복이 떨어지면 다시 새것으로 갈아입을 수 있지만 수족이 끊어지면 다시 잇기가 어렵다."

手足 : 손과 발

破 : 떨어지다, 깨뜨리다

難可續 : 잇기가 어렵다

蘇東坡云,
소 동 파 운

富不親兮貧不疎는 此是人間大丈夫요
부 불 친 혜 빈 불 소   차 시 인 간 대 장 부

富則進兮貧則退는 此是人間眞小輩니라.
부 즉 진 혜 빈 즉 퇴   차 시 인 간 진 소 배

소동파가 말하였다.

"부자라고 친하지 않고 가난하다고 멀리하지 않는 이가 바로 인간으로서의 대장부요, 부유하면 찾아가고 가난해지면 멀리하는 이가 인간으로서 참으로 소인배小人輩이다."

富不親 : 부자라고 친하지 않다

貧不疎 : 가난하다고 멀리하지 않는다

小輩 : 소인배

導禮篇 준례편

예절을 따르라

子曰, 居家有禮故로 長幼辨하고
자 왈 거 가 유 례 고 　 장 유 변

閨門有禮故로 三族和하고
규 문 유 례 고 　 삼 족 화

朝廷有禮故로 官爵序하고
조 정 유 례 고 　 관 작 서

田獵有禮故로 戎事閑하고
전 렵 유 례 고 　 융 사 한

軍旅有禮故로 武功成이니라.
군 려 유 례 고 　 무 공 성

공자孔子께서 말씀하셨다.

"한 집안에 예의가 있으므로 어른과 아이의 분별이 있고, 안방에 예의가 있으므로 삼족三族이 화목하고, 조정에 예의가 있으므로 관작의 차례가 있고, 사냥에 예의가 있으므로 군사 일이 숙달되고, 군대에 예의가 있으므로 무공이 이루어진다."

閨門 : 부녀자가 거처하는 안방	三族 : 여기서는 부모, 자기, 자녀를 말함
官爵 : 관직과 작위	田獵 : 사냥
戎事 : 전쟁에 관한 일	軍旅 : 군대

子曰, 君子有勇而無禮면 爲亂하고
자왈 군자유용이무례 위란

小人有勇而無禮면 爲盜니라.
소인유용이무례 위도

공자孔子께서 말씀하셨다.

"군자가 용맹만 있고 예의가 없으면 세상을 어지럽히고, 소인이
용맹만 있고 예의가 없으면 도둑이 된다."

曾子曰,
증자왈

朝廷엔 莫如爵이요 鄕黨엔 莫如齒요
조정 막여작 향당 막여치

輔世長民엔 莫如德이니라.
보세장민 막여덕

증자曾子가 말하였다.

"조정에는 벼슬만 한 것이 없고, 고을에는 나이만 한 것이 없으
며, 세상을 돕고 백성을 다스리는 데는 덕만 한 것이 없다."

鄕黨 : 고을, 마을(2천5백 호를 향, 5백 호를 당이라고 함)

齒 : 나이　　　　　　　　　　　輔世長民 : 세상을 돕고 백성을 잘살게 하다

증자曾子(BC 506~BC 436)

중국 춘추시대의 유학자로 이름은 삼參, 자는 자여子輿이며 증점의 아들이다. 공자의 제자로 효심이 두텁고 내성궁행內省躬行에 힘썼으며, 노나라 지방에서 제자들의 교육에 힘썼다. 증자는 효孝와 신信을 도덕행위의 근본으로 삼았으며 그의 가르침은 공자의 손자인 자사를 거쳐 맹자에게 전해져 유교사상사에서 중요한 위치를 차지한다. 공자·안자·자사·맹자와 함께 동양 5성五聖으로 꼽힌다.

4

老少長幼는 天分秩序니
노 소 장 유   천 분 질 서

不可悖理而傷道也니라.
불 가 패 리 이 상 도 야

늙은이와 젊은이, 어른과 어린이는 하늘이 정한 차례이니, 이치를 어기고 도리를 상하게 해서는 안 된다.

悖理 : 이치를 어기다   傷道 : 도리를 상하게 하다

5

出門에 如見大賓하고 入室에 如有人이니라.
출 문   여 견 대 빈   입 실   여 유 인

문을 나설 때는 큰 손님을 뵙듯이 신중하게 하고, 방으로 들어올 때는 다른 사람이 있는 것처럼 조심해야 한다.

出門 : 자기 집 문을 나서다   大賓 : 큰 손님

入室 : 자기 집 방 안으로 들어오다

6

若要人重我면 無過我重人이니라.
약 요 인 중 아   무 과 아 중 인

만약 남이 나를 정중히 대해 주기를 바란다면 내가 먼저 남을
정중히 대해야 한다.

要 : 바라다, 요구하다   人重我 : 나를 정중히 대하다, 나를 존중해 주다

無過 : 지나칠 것이 없다

7

父不言子之德하며 子不談父之過니라.
부 불 언 자 지 덕   자 부 담 부 지 과

아버지는 아들의 덕을 말하지 않으며, 자식은 아버지의 허물을
말하지 않아야 한다.

不言 : 말하지 말라   談 : 말하다

言語篇 언어편

말을 조심하라

1

劉會曰,
유 회 왈

言不中理면 不如不言이니라.
언 부 중 리　　　불 여 불 언

유회劉會가 말하였다.

"말이 이치에 맞지 않으면, 말을 하지 않느니만 못 하다."

不中理 : 이치에 맞지 않다　　　不如 : 차라리 ~만 못 하다

2

一言不中이면 千語無用이니라.
일 언 부 중　　　천 어 무 용

한 마디 말이 맞지 않으면, 천 마디 말이 쓸데없다.

千語無用 : 천 마디 말이 쓸데없다

3

君平曰,
군 평 왈

口舌者는 禍患之門이요 滅身之斧也니라.
구 설 자 화 환 지 문 멸 신 지 부 야

군평君平이 말하였다.

"입과 혀는 재앙과 근심의 문이요, 몸을 망치는 도끼이다."

口舌 : 입과 혀 　　　　　　禍患之門 : 재앙과 근심의 문

滅身之斧 : 몸을 망치는 도끼

군평君平(BC 73~AD 17)

중국 전한 무제 때 사람으로, 원래 성은 장莊이었으나 한나라 명제의 이름을 피
해 엄嚴으로 고쳤다. 이름은 준遵이며 군평君平은 그의 자다. 저서에 《노자지
귀》가 있는데, 《도덕진경지귀》 또는 《도덕지귀》라고도 한다.

4

利人之言은 煖如綿絮하고 傷人之語는
이 인 지 언 난 여 면 서 　　　　싱 인 지 어

利如荊棘하여 一言利人에 重値千金이요
이 여 형 극 일 언 리 인 중 치 천 금

一語傷人에 痛如刀割이니라.
일 어 상 인 통 여 도 할

사람을 이롭게 하는 말은 따뜻하기가 솜옷과 같고, 사람을 상하게 하는 말은 날카롭기가 가시와 같아서, 한 마디 말로 사람을 이롭게 함은 소중하기가 천금의 값이 나가고, 한 마디 말로 사람을 다치게 함은 아프기가 칼로 베는 것과 같다.

利人 : 사람을 이롭게 하다	綿絮 : 솜옷
傷人 : 사람을 상하게 하다	荊棘 : 가시
痛 : 아프다	刀割 : 칼로 베다

5

口是傷人斧요 言是割舌刀니
구 시 상 인 부　　언 시 할 설 도

閉口深藏舌이면 安身處處牢니라.
폐 구 심 장 설　　안 신 처 처 뢰

입은 사람을 상하게 하는 도끼요 말은 혀를 베는 칼이니, 입을 막고 혀를 깊이 감추면 몸이 어디 있든지 편안할 것이다.

割舌刀 : 혀를 베는 칼	閉口 : 입을 닫다, 입을 막다
深藏舌 : 혀를 깊이 감추다	處處 : 어디든지, 여기저기
牢 : 굳다, 견고하다, 단단하다	

6

逢人且說三分話하고 未可全抛一片心이니
봉 인 차 설 삼 분 화　　　미 가 전 포 일 편 심

不怕虎生三個口요 只恐人情兩樣心이니라.
불 파 호 생 삼 개 구　　　지 공 인 정 양 양 심

　사람을 만나거든 우선 열 마디 말 중 세 마디만 하고, 자기가 지니고 있는 한 조각 마음까지 다 털어버리지 말지니, 호랑이가 세 번 입을 벌리는 것은 두렵지 않고, 다만 사람의 두 가지 마음이 두렵다.

逢人 : 사람을 만나다		且說 : 잠깐 말하다	
三分話 : 십분의 삼만 말하다		全抛 : 전부 내던지다	
一片心 : 한 조각 마음		怕 : 두렵다	
兩樣心 : 두 가지 마음			

7

酒逢知己千鍾少요 話不投機一句多니라.
주 봉 지 기 천 종 소　　　화 불 투 기 일 구 다

　술은 나를 알아주는 친구를 만나면 천 잔도 모자라고, 말은 의기가 투합하지 않으면 한 마디도 많다.

知己 : 나를 알아주는 친구		鍾 : 술잔	
不投機 : 의기가 투합하지 않다		一句多 : 한 마디도 많다	

交友篇 교우편

친구를 잘 사귀라

1

子曰, 與善人居면 如入芝蘭之室하여
자왈 여선인거 여입지란지실

久而不聞其香이나 卽與之化矣요
구이불문기향 즉여지화의

與不善人居면 如入鮑魚之肆하여
여불선인거 여입포어지사

久而不聞其臭나 亦與之化矣니
구이불문기취 역여지화의

丹之所藏者는 赤하고 漆之所藏者는 黑이라
단지소장자 적 칠지소장자 흑

是以로 君子는 必愼其所與處者焉이니라.
시이 군자 필신기소여처자언

공자孔子께서 말씀하셨다.

"착한 사람과 같이 지내면 지초와 난초가 있는 방안에 있는 것
과 같아서 오래되면 그 향기를 맡지 못하나 곧 그에게 동화되고,
선하지 못한 사람과 같이 있으면 생선 가게에 들어간 것과 같아
서 오래되면 그 악취를 맡지 못하나 또한 그에게 동화되나니, 붉
은 단사를 지니면 붉어지고 검은 옻을 지니면 검어진다. 그러므
로 군자는 반드시 함께 지내는 사람을 신중히 가려야 한다."

芝蘭之室 : 지초와 난초가 있는 방　　聞 : 냄새를 맡다

與之化 : 더불어 동화되다　　　　鮑魚之肆 : 생선 가게

臭 : 냄새　　　　　　　　　　　丹 : 단사, 붉은 염료

漆 : 옷, 검은 염료

2

家語에 云,
가 어 운

與好學人同行이면 如霧露中行하여
여 호 학 인 동 행　　여 무 로 중 행

雖不濕衣라도 時時有潤하고
수 불 습 의　　시 시 유 윤

與無識人同行이면 如廁中坐하여
여 무 식 인 동 행　　여 측 중 좌

雖不汚衣라도 時時聞臭니라.
수 불 오 의　　시 시 문 취

《가어》에 이르기를,

　학문을 좋아하는 사람과 동행하면 마치 안개 속을 가는 것과 같아서 비록 옷은 젖지 않더라도 점점 물기가 배어들고, 무식한 사람과 동행하면 마치 뒷간에 앉은 것과 같아서 비록 옷은 더럽히지 않더라도 점점 고약한 냄새가 난다.

好學人 : 학문을 좋아하는 사람　　霧露 : 안개와 이슬

| 濕 : 젖다 | 潤 : 배어들다, 윤택하다 |
| 厠 : 측간, 뒷간, 변소 | 汚 : 더럽히다 |

3

子曰,
자 왈

晏平仲은 **善與人交**로다 **久而敬之**온여.
안 평 중 선 여 인 교   구 이 경 지

공자孔子께서 말씀하셨다.

"안평중晏平仲은 사람들과 사귀기를 잘한다. 시간이 흘러도 공
경하는구나."

| 與人交 : 남과 더불어 사귀다 | 久而敬之 : 오래도록 공경하다 |

안평중晏平仲(?~BC 500)

중국 춘추시대 제齊나라의 정치가로 이름은 영嬰, 자는 중仲이다. 시호는 평平
으로 보통 평중平仲이라고도 불리며, 안자晏子라고 존칭되기도 한다. 관중과 더
불어 훌륭한 재상으로 후대에까지 존경을 받았다. 그와 관련된 기록은 《안자춘
추》로 편찬되어 전해진다.

4

相識이 **滿天下**하되 **知心能幾人**고.
상 식 만 천 하   지 심 능 기 인

서로 알고 지내는 사람은 온 세상에 가득하지만 마음을 알아주는 사람이 몇이나 있겠는가.

相識 : 서로 알고 지내다   知心 : 마음을 알다

幾人 : 몇 사람

5

酒食兄弟는 **千個有**로되
주 식 형 제   천 개 유

急難之朋은 **一個無**니라.
급 난 지 붕   일 개 무

술이나 음식을 함께할 때 형제 같은 친구는 많으나, 급하고 어려울 때 도와줄 친구는 하나도 없다.

急難之朋 : 급하고 어려울 때 도와줄 친구

6

不結子花는 **休要種**이요
불 결 자 화   휴 요 종

無義之朋은 **不可交**니라.
무 의 지 붕   불 가 교

열매를 맺지 않는 꽃은 심지 말고, 의리 없는 친구는 사귀지 말라.

子花 : 씨와 꽃　　　　　　　　　休要 : ~하지 말라, ~할 필요가 없다

君子之交는 **淡如水**하고
군 자 지 교　　 담 여 수

小人之交는 **甘若醴**니라.
소 인 지 교　　 감 약 례

군자의 사귐은 담박하기가 물과 같고, 소인의 사귐은 달콤하기
가 단술과 같다.

淡 : 담담하다, 담박하다　　　　　醴 : 단술

路遙知馬力이요 **日久見人心**이니라.
노 요 지 마 력　　 일 구 견 인 심

길이 멀어야 말의 힘을 알 수 있고, 시간이 오래되어야 사람의
마음을 알 수 있다.

路遙 : 길이 멀다　　　　　知馬力 : 말의 힘을 알다
日久 : 시간이 오래되다

婦行篇 부행편

훌륭한 여성이 되라

益智書에 云,
익 지 서 운

女有四德之譽하니 一曰婦德이요
여 유 사 덕 지 예 일 왈 부 덕

二曰婦容이요 三曰婦言이요 四曰婦工也니라.
이 왈 부 용 삼 왈 부 언 사 왈 부 공 야

《익지서》에 이르기를,

여성에게는 아름다운 네 가지 덕목이 있으니, 첫째 여성의 덕행
[婦德]이요, 둘째 여성의 용모[婦容]요, 셋째 여성의 말씨[婦言]요,
넷째 여성의 솜씨[婦工]이다.

婦德 : 여성의 덕행	婦容 : 여성의 용모
婦言 : 여성의 말씨	婦工 : 여성의 솜씨

婦德者는 不必才名絶異요
부 덕 자 불 필 재 명 절 이

婦容者는 不必顔色美麗요
부 용 자 불 필 안 색 미 려

婦言者_는 不必辯口利詞_요
부 언 자 　 불 필 변 구 리 사

婦工者_는 不必技巧過人也_{니라.}
부 공 자 　 불 필 기 교 과 인 야

　여성의 덕성이라는 것은 반드시 재주와 명성이 뛰어남을 말하는 것이 아니요, 여성의 용모라는 것은 반드시 얼굴이 아름답고 고움을 말하는 것이 아니요, 여성의 말씨라는 것은 반드시 말솜씨가 좋아 말을 잘하는 것이 아니요, 여성의 솜씨라는 것은 반드시 손재주가 다른 사람보다 뛰어남을 말하는 것이 아니다.

不必 : 반드시 ~는 아니다	才名 : 재주와 명성
絕異 : 남다르게 뛰어나다	顔色 : 용모나 기색
美麗 : 아름답고 곱다	辯口 : 말솜씨가 좋다
利詞 : 말을 잘하다	技巧 : 손재주, 기술이나 솜씨
過人 : 다른 사람보다 뛰어나다	

3

其婦德者_는 淸貞廉節_{하여} 守分整齊_{하고}
기 부 덕 자 청 정 렴 절 　 수 분 정 제

行止有恥_{하며} 動靜有法_{이니} 此爲婦德也_요
행 지 유 치 동 정 유 법 차 위 부 덕 야

婦容者_는 洗浣塵垢_{하여} 衣服鮮潔_{하며}
부 용 자 세 완 진 구 의 복 선 결

沐浴及時하여 一身無穢니 此爲婦容也요
목욕급시　일신무예　차위부용야

婦言者는 擇師而說하여 不談非禮하고
부언자　택사이설　부담비례

時然後言하여 人不厭其言이니
시연후언　인불염기언

此爲婦言也요
차위부언야

婦工者는 專勤紡績하고 勿好葷酒하며
부공자　전근방적　물호훈주

供具甘旨하여 以奉賓客이니 此爲婦工也니라.
공구감지　이봉빈객　차위부공야

　여성의 아름다운 덕성이라 함은, 맑고 곧아 청렴하고 절개가 있어 분수를 지키고 몸가짐을 바르게 하며, 행동거지行動擧止에 염치가 있고 움직임에 법도가 있는 것이니, 이것이 바로 여성의 덕성이다.

　여성의 용모는 먼지와 때를 씻고 깨끗이 빨아 옷차림을 정결하게 하며, 목욕을 제때에 하여 몸에 더러움이 없게 하는 것이니, 이것이 바로 여성의 용모이다.

　여성의 말씨는 본받을 만한 말을 가려서 예의에 어긋나는 말은 하지 않고, 꼭 해야 할 때가 된 뒤에 말하여 사람들이 그의 말을 싫어하지 않는 것이니, 이것이 바로 여성의 말씨이다.

여성의 솜씨는 오로지 길쌈을 부지런히 하고 훈주(강한 냄새가 나는 채소와 술)를 좋아하지 않으며, 맛있는 음식을 갖추어 손님을 접대하는 것이니, 이것이 바로 여성의 솜씨이다.

淸貞 : 맑고 곧다	廉節 : 염치와 절개
守分 : 분수를 지키다	整齊 : 단정하고 가지런하다
行止 : 행동거지, 몸가짐	洗浣 : 씻어내다
塵垢 : 먼지와 때	鮮潔 : 선명하고 깨끗하다
穢 : 더러움	擇師 : 말을 가리다
不厭 : 싫어하지 않다	專勤 : 오로지 부지런히 하다
紡績 : 길쌈	葷酒 : 파, 마늘 따위의 채소와 술
供具 : 갖추어 구비하다	

4

此四德者는 是婦人之所不可缺者라
차 사 덕 자　　시 부 인 지 소 불 가 결 자

爲之甚易하고 務之在正하니
위 지 심 이　　　무 지 재 정

依此而行이면 是爲婦節이니라.
의 차 이 행　　　시 위 부 절

이 네 가지 덕목은 부녀자로서 하나도 빼놓을 수 없는 것이다. 행하기가 매우 쉽고 힘쓰는 것이 올바르니, 이것에 의거하여 행한다면 이것이 바로 부녀자의 범절이 된다.

不可缺者 : 없어서는 안 되는 것   爲之甚易 : 행하기가 매우 쉽다

務之 : 애쓰다, 노력하다

太公曰,
태 공 왈

婦人之禮는 語必細니라.
부 인 지 례   어 필 세

태공이 말하였다.

"부인의 예절은 말소리가 반드시 가늘어야 한다."

賢婦는 令夫貴요
현 부   영 부 귀

佞婦는 令夫賤이라.
영 부   영 부 천

어진 부인은 남편을 귀하게 하고, 간악한 부인은 남편을 천하게
한다.

佞 : 간악하다, 아첨하다, 바르지 못하다, 간사하다

家有賢妻면 夫不遭橫禍니라.
가 유 현 처 부 부 조 횡 화

집안에 어진 아내가 있으면 남편이 뜻밖의 재앙을 만나지 않는다.

遭 : 만나다   橫禍 : 뜻밖의 재앙

賢婦는 和六親하고 佞婦는 破六親이니라.
현 부 화 육 친 영 부 파 육 친

어진 부인은 육친六親을 화목하게 하고, 간악한 부인은 육친의 화목을 깨뜨린다.

六親 : 부모, 형제, 처자를 이름

增補篇 증보편

周易_에 曰,
주역   왈

善不積_{이면} 不足以成名_{이요}
선 부 적   부 족 이 성 명

惡不積_{이면} 不足以滅身_{이어늘}
악 부 적   부 족 이 멸 신

小人_은 以小善_{으로} 爲无益而弗爲也_{하고}
소 인   이 소 선   위 무 익 이 불 위 야

以小惡_{으로} 爲无傷而弗去也_{니라}
이 소 악   위 무 상 이 불 거 야

故_로 惡積而不可掩_{이요} 罪大而不可解_{니라.}
고   악 적 이 불 가 엄   죄 대 이 불 가 해

《주역》에 이르기를,

착한 일을 쌓지 않으면 명성을 얻을 수 없을 것이요, 악을 쌓지 않으면 몸을 해치지 않을 수 있거늘, 소인은 자그마한 착한 일은 아무 이익이 없다고 하여 행하지 않고, 자그마한 악은 아무 해로움이 없다고 하여 버리지 않는다. 그러므로 악이 쌓여서 가리지 못하게 되고 죄가 커져 풀지 못하게 된다.

滅身 : 몸을 망치다	以小善 : 작은 선
爲无益 : 이익 될 것이 없다	爲无傷 : 해칠 것이 없다
掩 : 가리다	解 : 풀다, 벗어나다

2

履霜하면 堅氷至하나니 臣弑其君하며
이 상　　　　견 빙 지　　　　　신 시 기 군

子弑其父는 非一朝一夕之事라
자 시 기 부　　비 일 조 일 석 지 사

其所由來者漸矣니라.
기 소 유 래 자 점 의

　서리를 밟으면 머지않아 단단한 얼음이 어니, 신하가 임금을 죽이고 자식이 그 아비를 죽이는 것이 하루아침이나 하룻저녁에 이루어지는 것이 아니라, 그런 일이 일어나게 되기까지는 그 원인이 오랫동안 누적된 것이다.

履霜 : 서리를 밟다	堅氷 : 단단한 얼음
弑 : 시해하다	所由來 : 어떤 사건의 원인이 되다
漸 : 점차 생기다	

八反歌팔반가
[반성을 위한 여덟 편의 노래]
자녀 사랑하는 마음으로 효도하라

幼兒는 或詈我하면 我心에 覺懽喜하고
유아 혹리아 아심 각환희

父母는 嗔怒我하면 我心에 反不甘이라
부모 진노아 아심 반불감

一喜懽一不甘하니 待兒待父心何懸고
일희환일불감 대아대부심하현

勸君今日逢親怒어든 也應將親作兒看하라.
권군금일봉친노 야응장친작아간

어린 자식이 혹 내게 대들면 내 마음이 기쁨을 깨닫고,

부모님이 나를 꾸짖고 성내면 내 마음이 도리어 달갑지 않네.

하나는 기쁘고 또 하나는 달갑지 않으니,

자식을 대하고 어버이를 대하는 마음이 어찌 이다지도 다를까.

그대에게 권하노니, 이제 어버이가 노여워하시거든

마땅히 어버이를 자식으로 바꾸어보시오.

詈 : 꾸짖다, 욕하다   懸 : 다르다, 현격하다

兒曹出千言하되 君聽常不厭하고
아 조 출 천 언　　　 군 청 상 불 염

父母一開口하면 便道多閑管이라
부 모 일 개 구　　　 변 도 다 한 관

非閑管親掛牽이니 皓首白頭에 多諳練이라
비 한 관 친 괘 견　　　 호 수 백 두　　 다 암 련

勸君敬奉老人言하고 莫敎乳口爭長短하오.
권 군 경 봉 로 인 언　　　 막 교 유 구 쟁 장 단

어린 자식들이 천 마디 말을 하여도 그대는 들으면서 늘 싫어하
지 않고,

부모님이 한 번 입만 열어도 쓸데없이 참견한다고 말을 하네.

쓸데없는 참견이 아니라 어버이가 마음에 걸리고 끌려서이니,

흰머리가 되도록 긴 세월에 아는 것이 많으시네.

그대에게 권하노니 늙은 사람의 말을 공경하여 받들고,

젖내 나는 입으로 길고 짧음을 다투지 마오.

兒曹 : 어린 자식들	閑管 : 참견하다, 간섭하다
掛牽 : 이끌어주다, 가르쳐주다	皓首 : 흰머리
諳練 : 잘 알고 있다, 아주 익숙하다	敬奉 : 공경하여 받들다
敎 : ~로 하여금	乳口 : 젖내 나는 입

3

幼兒尿糞穢는 君心에 無厭忌로되
유 아 뇨 분 예　군 심　무 염 기

老親涕唾零엔 反有憎嫌意니라
노 친 체 타 영　반 유 증 혐 의

六尺軀來何處오 父精母血成汝體니라
육 척 구 래 하 처　부 정 모 혈 성 여 체

勸君敬待老來人하라 壯時爲爾筋骨敝니라.
권 군 경 대 노 래 인　　장 시 위 이 근 골 폐

　어린 자식의 더러운 똥오줌도 그대 마음에 싫어하거나 꺼림이
없는데,
　늙은 어버이의 눈물과 침은 도리어 미워하고 싫어하네.
　여섯 자의 몸이 어디서 왔는고.
　아버지의 정기와 어머니의 피로 그대의 몸이 이루어졌네.
　그대에게 권하노니, 늙어가는 부모님을 공경으로 대접하오.
　젊었을 때 그대를 위하여 살과 뼈가 닳으셨소.

尿糞 : 오줌과 똥	厭忌 : 싫어하고 꺼리다
涕唾 : 눈물과 침	零 : 떨어지다
憎嫌 : 미워하고 싫어하다	
六尺軀 : 여섯 자의 몸, 사람의 몸을 일컬음	
汝 : 너, 그대	敬待 : 공경으로 대접하다
爲爾 : 너를 위하다	筋骨敝 : 살과 뼈가 닳다

看君晨入市하여 買餠又買餻하니
간 군 신 입 시　　　매 병 우 매 고

少聞供父母하고 多說供兒曹라
소 문 공 부 모　　　다 설 공 아 조

親未啖兒先飽하니 子心이 不比親心好라
친 미 담 아 선 포　　　자 심　　불 비 친 심 호

勸君多出買餠錢하여 供養白頭光陰少하라.
권 군 다 출 매 병 전　　　공 양 백 두 광 음 소

　그대가 새벽에 시장에 들어가 밀가루 떡과 또 흰떡 사는 것을 보니,

　부모님께 드린다는 말은 들리지 않고 아이들에게 준다고 많이 말하네.

　어버이는 아직 맛보지도 않았는데 아이들이 먼저 배부르니,

　자식의 마음은 부모님 마음이 좋아하는 것에 비할 수 없네.

　그대에게 권하노니, 떡 살 돈을 많이 내어

　흰머리에 사실 날이 얼마 남지 않은 어버이를 공양하오.

晨 : 새벽　　　　　　　　　餠 : 밀가루떡

餻 : 쌀떡　　　　　　　　　啖 : 씹다, 먹다

子心 : 자식의 마음, 자식으로서 효도하려는 마음

親心 : 부모의 마음, 자식을 사랑하는 마음

買餠錢 : 떡 살 돈　　　　　　光陰 : 세월, 시간

市間賣藥肆에 惟有肥兒丸하고
시 간 매 약 사　유 유 비 아 환

未有壯親者하니 何故兩般看고
미 유 장 친 자　하 고 양 반 간

兒亦病親亦病에 醫兒不比醫親症이라
아 역 병 친 역 병　의 아 불 비 의 친 증

割股還是親的肉이니 勸君亟保雙親命하라.
할 고 환 시 친 적 육　권 군 극 보 쌍 친 명

시장 안 약 파는 가게에 오직 자식을 살찌울 환약만 있고,

어버이를 튼튼하게 하는 약은 없으니, 어찌하여 자식과 양친의

병간호가 두 가지로(다르게) 보이나.

자식이 병들고 어버이도 병들었을 때

자식 병을 고치는 정성이 어버이 병을 고치는 것에 비할쏘냐.

제 다리의 살을 베어내도 도로 어버이의 살이니

그대에게 권하노니, 빨리 두 분 어버이의 목숨을 보호하오.

賣藥肆 : 약 파는 가게	丸 : 알약
何故 : 어찌하여	兩般 : 두 가지
醫親症 : 어버이 병을 고치다	割股 : 허벅지를 베다
親的肉 : 어버이의 살	亟 : 빨리, 당장에
雙親命 : 두 분 어버이의 목숨	

富貴엔 養親易하나 親常有未安하고
부귀 양친이 친상유미안

貧賤엔 養兒難하나 兒不受饑寒이라
빈천 양아난 아불수기한

一條心兩條路에 爲兒終不如爲父라
일조심양조로 위아종불여위부

勸君養親如養兒하고 凡事莫推家不富하라.
권군양친여양아 범사막추가불부

부귀하면 어버이를 봉양하기가 쉬우나

어버이는 항상 마음이 편치 않으시고,

가난하고 천하면 자식을 기르기가 어려우나

자식을 굶기거나 떨게 하지 않는다네.

한 가지 마음에 두 갈래 길이 나 있어

어버이를 위함이 마침내 자식을 위함만 같지 못하네.

그대에게 권하노니, 어버이 섬기기를 자식 기르는 것과 같이

하고,

모든 일을 집이 넉넉하지 못한 가난 탓이라고 미루지 마오.

一條心 : 한 갈래의 마음   兩條路 : 두 갈래의 길
莫推 : 미루지 마라, 핑계대지 마라

養親에는 只二人이로되 常與兄弟爭하고
양 친　　지 이 인　　　상 여 형 제 쟁

養兒엔 雖十人이나 君皆獨自任이라
양 아　　수 십 인　　　군 개 독 자 임

兒飽煖親常問하되 父母饑寒不在心이라
아 포 난 친 상 문　　부 모 기 한 부 재 심

勸君養親을 須竭力하라
권 군 양 친　　수 갈 력

當初衣食이 被君侵이니라.
당 초 의 식　　피 군 침

　어버이를 봉양함에는 다만 두 분인데 늘 형제들과 미루어 다
투고,
　자식을 기를 때에는 비록 열 명이더라도 그대 혼자 스스로 감당
하네.
　자식에게 배부르고 따뜻한가는 친히 늘 묻되,
　부모의 배고프고 추운 것은 마음에 있지 않네.
　그대에게 권하노니, 부모를 봉양함에 반드시 힘을 다하오.
　당초에 입을 것과 먹을 것마저 그대에게 빼앗겼다오.

獨自任 : 혼자 스스로 감당하다　　　竭力 : 힘을 다하다
當初 : 처음에　　　　　　　　　　　被君侵 : 그대에게 빼앗겼다

親有十分慈하되 君不念其恩하고
친 유 십 분 자   군 불 념 기 은

兒有一分孝하면 君就揚其名이라
아 유 일 분 효   군 취 양 기 명

待親暗待兒明하니 誰識高堂養子心고
대 친 암 대 아 명   수 식 고 당 양 자 심

勸君漫信兒曹孝하라 兒曹樣子在君身이니라.
권 군 만 신 아 조 효   아 조 양 자 재 군 신

　어버이의 사랑은 지극하건만 그대는 그 은혜를 생각하지 아니
하고,
　자식이 조금이라도 효도하면 그대는 나아가 그 이름을 자랑하네.
　어버이를 대할 때는 어둡고 자식을 대할 때는 밝으니,
　그 누가 어버이의 자식 기르는 마음을 알겠는가.
　그대에게 권하노니, 자식들의 효도를 믿지 마오.
　자식들의 본보기가 그대 자신에게 있다오.

十分慈 : 넘치는 자애, 사랑　　　揚 : 자랑하다, 날리다
漫信 : 지나치게 믿다　　　　　　樣子 : 본보기

孫順이 家貧하여 與其妻로
손 순 가 빈 여 기 처

傭作人家以養母할새 有兒每奪母食이라
용 작 인 가 이 양 모 유 아 매 탈 모 식

順이 謂妻曰 兒奪母食하니 兒는 可得이어니와
순 위 처 왈 아 탈 모 식 아 가 득

母難再求라 하고 乃負兒往歸醉山北郊하여
모 난 재 구 내 부 아 왕 귀 취 산 북 교

欲埋掘地러니 忽有甚奇石鍾이어늘
욕 매 굴 지 홀 유 심 기 석 종

驚怪試撞之하니 舂容可愛라
경 괴 시 당 지 용 용 가 애

妻曰 得此奇物은 殆兒之福이라
처 왈 득 차 기 물 태 아 지 복

埋之不可라한대 順이 以爲然하여
매 지 불 가 순 이 위 연

將兒與鍾還家하여 懸於樑撞之러니
장 아 여 종 환 가 현 어 량 당 지

王이 聞鍾聲淸遠異常而覈聞其實하고
왕 문 종 성 청 원 이 상 이 핵 문 기 실

215

曰 昔_에 郭巨埋子_엔 天賜金釜_{러니}
왈 석 곽 거 매 자 천 사 금 부

今孫順埋兒_엔 地出石鍾_{하니} 前後符同_{이라 하고}
금 손 순 매 아 지 출 석 종 전 후 부 동

賜家一區_{하고} 歲給米五十石_{하니라.}
사 가 일 구 세 급 미 오 십 석

손순이 집이 가난하여 그의 아내와 더불어 남의 집에 품을 팔아 어머니를 봉양하였다. 부부에게 어린 자식이 있었는데 언제나 어머니가 잡수시는 것을 빼앗아 먹었다.

손순이 아내에게 말하였다.

"아이가 어머니 잡수시는 것을 빼앗아 먹으니 큰일이오. 아이는 또 얻을 수 있지만 어머니는 다시 모시기 어렵소."

이에 아이를 업고 귀취산 북쪽 교외로 가서 묻으려고 땅을 팠는데, 뜻밖에도 매우 신기한 돌종이 나왔다. 너무도 놀랍고 이상하여서 시험 삼아 한 번 두드려 보니 그 소리가 은은하게 듣기 좋았다.

아내가 말하였다.

"이렇게 기이한 물건을 얻은 것은 아마 아이의 복이니 이 아이를 땅에 묻는 것은 옳지 못합니다."

손순도 그렇게 생각하여 아이와 종을 가지고 집으로 돌아와 대들보에 종을 매달고 두드렸다. 종소리가 멀리 퍼져 나가 임금에게 이르렀다. 임금은 맑은 종소리가 멀리서 들려오는 것이 이상하여 그 사실을 알아보게 하였고, 사실을 알고 난 후에 말하였다.

"옛날에 곽거郭巨가 아들을 묻으려 했을 때 하늘이 금으로 만든 솥을 주시더니 이제 손순이 아들을 묻으려 하자 땅에서 돌종이 나왔으니 앞과 뒤가 서로 꼭 맞는다."

그리고는 그들에게 집 한 채를 내리고 해마다 쌀 50석을 주었다.

傭作 : 품팔이를 하다	每奪 : 매번 빼앗다
欲埋 : 묻으려고	掘 : 파다
舂容 : 종소리	懸 : 매달다
樑 : 대들보	覈 : 사실을 조사하여 밝히다
符同 : 서로 일치하다	歲給 : 해마다 주다

손순孫順

신라 흥덕왕 때의 인물로 효심이 깊어 왕에게 알려져 신라의 국효國孝로 일컬어졌고 월성군月城君에 봉해졌다. 이 이야기는《삼국유사》에 실려 있다.

곽거郭巨

중국 후한 때의 사람으로 24효孝의 한 사람이며, 어머니 봉양을 위해 자식을 묻으려 하자 하늘이 그에게 금솥[金釜]을 내려주었다는 고사가 있다.

2

尚德은 値年荒癘疫하여 父母飢病濱死라
상 덕 치 년 황 려 역 부 모 기 병 빈 사

尚德이 日夜不解衣하고 盡誠安慰하되
상 덕 일 야 불 해 의 진 성 안 위

無以爲養이면 則刲髀肉食之하고
무 이 위 양 즉 규 비 육 식 지

母發癰에 吮之卽癒라 王이 嘉之하여
모 발 옹   연 지 즉 유   왕   가 지

賜賚甚厚하고 命旌其門하고 立石紀事하니라.
사 뢰 심 후   명 정 기 문   입 석 기 사

　상덕尙德은 흉년과 전염병이 유행하는 때를 만나 그의 부모님이 굶주리고 병들어 거의 죽게 되었다. 상덕은 밤낮으로 간호하느라 옷을 벗고 한 번 누울 짬도 없이 정성을 다하여 위로하였으며, 봉양할 것이 없으면 자신의 넓적다리 살을 베어 잡수시게 하고, 어머니께 종기가 나자 입으로 빨아서 곧 낫게 해드렸다.

　임금이 이 소식을 듣고 가상하게 여겨 재물을 후하게 내리고, 그가 사는 마을에 정려문旌閭門을 세우라 명하고 비석을 세워 이 일을 기록하게 하였다.

年荒 : 흉년　　　　　　　　瘴疫 : 전염병

濱死 : 거의 죽게 되다　　　不解衣 : 옷을 벗지 않다

刲髀肉 : 넓적다리 살을 베다　發癰 : 종기가 나다

吮之 : 입으로 빨다　　　　　癒 : 낫다

嘉之 : 아름답게 여기다　　　賜賚 : 내려주다

紀事 : 일을 기록하다

상덕尙德

│ 신라 때 사람으로 효성이 지극하였다고 전하며, 《삼국사기》에 그의 열전이 실
│ 려 있다.

3

都氏家貧至孝라 賣炭買肉하여 無闕母饌이러라
도 씨 가 빈 지 효　매 탄 매 육　무 궐 모 찬

一日은 於市에 晩而忙歸러니 鳶忽攫肉이어늘
일 일　어 시　만 이 망 귀　연 홀 확 육

都悲號至家하니 鳶旣投肉於庭이러라
도 비 호 지 가　연 기 투 육 어 정

一日은 母病索非時之紅柿어늘
일 일　모 병 색 비 시 지 홍 시

都彷徨柿林하여 不覺日昏이러니
도 방 황 시 림　불 각 일 혼

有虎屢遮前路하고 以示乘意라
유 호 루 차 전 로　이 시 승 의

都乘至百餘里山村하여 訪人家投宿이러니
도 승 지 백 여 리 산 촌　방 인 가 투 숙

俄而主人이 饋祭飯而有紅柿라
아 이 주 인　궤 제 반 이 유 홍 시

都喜하여 問柿之來歷하고 且述己意한대
도 희　문 시 지 내 력　차 술 기 의

答曰 亡父嗜柿라
답 왈　망 부 기 시

故로 每秋에 擇柿二百個하여 藏諸窟中하여
고　매 추　택 시 이 백 개　장 저 굴 중

而至此五月이면 則完者不過七八이라가
이 지 차 오 월　즉 완 자 불 과 칠 팔

今得五十個完者라 故로 心異之러니
금 득 오 십 개 완 자　고　심 이 지

是天感君孝라 하고 遺以二十顆어늘
시 천 감 군 효　유 이 이 십 과

都謝出門外하니 虎尙俟伏이라 乘至家하니
도 사 출 문 외　호 상 사 복　승 지 가

曉鷄喔喔이러라
효 계 악 악

後에 母以天命으로 終에 都有血淚러라.
후　모 이 천 명　종　도 유 혈 루

　도씨都氏는 집이 가난하였으나 효성이 지극하였다. 숯을 팔아 고기를 사서 어머니의 반찬을 빠뜨리지 않고 공양하였다. 하루는 시장에서 늦어 바삐 돌아오는데 솔개가 갑자기 고기를 낚아채 가거늘 도씨가 슬피 울며 집에 돌아와 보니, 솔개가 이미 고기를 집 안 뜰에 던져 놓았다.

　하루는 어머니가 병이 나서 제철이 아닌 홍시를 찾기에 도씨가 감나무 숲을 방황하여 날이 저문 것도 모르고 있었는데 갑자기 호랑이가 나타났다. 호랑이는 자꾸만 앞길을 가로막으며 자기 등에 타라는 뜻을 표시하였다. 도씨가 호랑이를 타고 백여 리나 떨어진 산 속 마을에 이르러 인가人家를 찾아 묵었는데, 얼마 후 집 주인이 제삿밥을 차려 내오는데 홍시가 있었다. 도씨는 기뻐하며 홍시가 어디서 났는지를 물었다. 그리고 자신이 홍시를 찾아 헤

맨 사정을 이야기하자, 집주인이 대답하였다.

"돌아가신 저의 아버지께서 홍시를 즐기셨으므로 해마다 가을에 감 2백 개를 골라 굴속에 저장해 둡니다. 그러나 제사를 지내는 오월에 이르면 완전한 것이 불과 일곱 개나 여덟 개에 지나지 않았는데 올해는 오십 개의 완전한 것을 얻었지요. 그래서 마음속으로 이상하게 여겼는데, 이것은 하늘이 그대의 효성에 감동한 것이로군요."

그리고는 그에게 홍시 20개를 내주었다. 도씨가 고맙다고 인사하고 문 밖에 나오니, 호랑이가 여전히 엎드린 채 그를 기다리고 있었다. 호랑이를 타고 집에 돌아오니 막 새벽닭이 울었다. 그 후 어머니가 천명天命을 다하고 돌아가시자, 도씨는 피눈물을 흘리며 슬퍼하였다.

賣炭買肉 : 숯을 팔아 고기를 사다	無闕母饌 : 어머니의 반찬을 빠뜨리지 않다
忙歸 : 바삐 돌아오다	鳶 : 솔개
攫 : 낚아채다	悲號 : 슬피 울다
非時 : 제철이 아닌	屢遮 : 여러 번 가로막다
乘 : 타다	俄而 : 얼마 후, 조금 있다가
饋 : 주다, 대접하다	嗜 : 좋아하다
異之 : 이상하게 여기다	翮 : 날개
虎尙俟伏 : 호랑이가 여전히 엎드린 채 기다리고 있다	
曉鷄 : 새벽닭	喔喔 : 닭 우는 소리

廉義篇 염의편

항상 청렴하라

印觀이 賣綿於市할새
인관 매면어시

有署調者以穀買之而還이러니
유서조자이곡매지이환

有鳶이 攫其綿하여 墮印觀家어늘
유연 확기면 타인관가

印觀이 歸于署調曰 鳶墮汝綿於吾家라
인관 귀우서조왈 연타여면어오가

故로 還汝하노라
고 환여

署調曰 鳶이 攫綿與汝는 天也라
서조왈 연 확면여여 천야

吾何受爲리오 印觀曰 然則還汝穀하리라
오하수위 인관왈 연즉환여곡

署調曰 吾與汝者市二日이니
서조왈 오여여자시이일

穀已屬汝矣라 하고 二人이 相讓이라가
곡이속여의 이인 상양

幷棄於市하니 掌市官이 以聞王하여
병기어시 장시관 이문왕

竝賜爵하니라.
병 사 작

인관이 시장에서 솜을 파는데 서조라는 사람이 곡식을 주고 솜을 사 갔다. 돌아가는 길에 솔개가 그 솜을 낚아채서 인관의 집에 떨어뜨렸다. 이에 인관이 서조에게 솜을 되돌려주며 말하였다.

"솔개가 당신의 솜을 낚아채서 내 집에 떨어뜨렸으므로 당신에게 돌려드립니다."

그러자 서조가 말하였다.

"솔개가 솜을 낚아채서 당신에게 준 것은 하늘이 하신 일입니다. 내가 어찌 받겠습니까?"

인관이 다시 말하였다.

"그렇다면 솜 값으로 받은 당신의 곡식을 돌려드리겠습니다."

서조가 말하였다.

"내가 당신에게 곡식을 준 후로 벌써 장이 두 번이나 섰으니, 곡식은 이미 당신 것입니다."

두 사람이 서로 사양하다가 솜과 곡식을 모두 장에 버리고 가버렸다. 시장을 관리하는 관원이 이 사실을 임금께 아뢰자 임금은 두 사람에게 벼슬을 내렸다.

賣綿 : 솜을 팔다 墮 : 떨어뜨리다
屬 : 속하다 相讓 : 서로 사양하다
并棄 : 함께 버리다 掌市官 : 시장을 관리하는 관원

洪公耆燮이 少貧甚無聊러니
홍공기섭 소빈심무료

一日朝에 婢兒踊躍하고
일일조 비아용약

獻七兩錢曰 此在鼎中하니 米可數石이요
헌칠양전왈 차재정중 미가수석

柴可數駄니 天賜天賜니이다
시가수태 천사천사

公이 驚曰 是何金하고
공 경왈 시하금

卽書失金人推去等字하여
즉서실금인추거등자

付之門楣而待러니
부지문미이대

俄而姓劉者來問書意어늘 公悉言之한대
아이성유자래문서의 공실언지

劉曰 理無失金於人之鼎内하니
유왈 이무실금어인지정내

果天賜也라 盍取之닛고
과천사야 합취지

公曰 非吾物에 何오
공왈 비오물 하

劉俯伏曰 小的이 昨夜에 爲竊鼎來라가
유부복왈 소적 작야 위절정래

還憐家勢蕭條而施之러니
환 련 가 세 소 조 이 시 지

今感公之廉价하고 良心自發하여
금 감 공 지 렴 개 양 심 자 발

誓不更盜하고 願欲常侍하오니 勿慮取之하소서
서 불 갱 도 원 욕 상 시 물 려 취 지

公卽還金曰 汝之爲良則善矣나
공 즉 환 금 왈 여 지 위 량 즉 선 의

金不可取라 하고 終不受하니라
금 불 가 취 종 불 수

後에 公爲判書하고 其子在龍이
후 공 위 판 서 기 자 재 룡

爲憲宗國舅하며 劉亦見信하여 身家大昌하니라.
위 헌 종 국 구 유 역 견 신 신 가 대 창

홍기섭이 젊었을 때 말할 수 없이 가난하여 매우 무료無聊하였는데, 어느 날 아침에 어린 계집종이 기뻐 날뛰며 돈 일곱 냥을 바치며 말하였다.

"이 돈이 솥 안에 있었습니다. 이 돈이면 쌀이 몇 섬이고, 나무가 몇 바리입니까. 이것은 참으로 하늘이 주신 것입니다."

공이 놀라며 말하였다.

"이것이 어찌된 돈인가?"

그리고 곧 돈을 잃은 사람은 찾아가라는 글을 써서 대문에 붙이고 기다렸다. 얼마 후에 유씨 성의 사람이 찾아와 글의 뜻을 묻자,

공이 자세히 그 내용을 말해 주었다.

유씨가 말하였다.

"이치상 남의 집 솥 안에 돈을 잃는 일은 없으니, 참으로 하늘이 주신 것입니다. 왜 취하지 않으십니까?"

그러자 공이 말하였다.

"내 것이 아닌데 어찌 갖는단 말입니까?"

유씨가 꿇어 엎드려 말하였다.

"사실은 소인이 어젯밤에 솥을 훔치러 왔다가 도리어 가세家勢가 너무 쓸쓸한 것을 안타깝게 여겨 이 돈을 솥 안에 두고 돌아갔습니다. 지금 소인은 공의 청렴하심에 감동하여 양심이 절로 우러나와 다시는 도둑질을 하지 않을 것을 맹세하고, 앞으로는 항상 옆에서 모시기를 원하오니 염려 마시고 취하소서."

공이 곧장 돈을 돌려주며 말하였다.

"그대가 착한 사람이 된 것은 좋은 일이지만 이 돈은 취할 수 없습니다."

라며 끝내 받지 않았다.

후에 공은 판서가 되었고 그의 아들 재룡은 헌종의 장인이 되었으며, 유씨 또한 신임을 얻어 자신과 그의 집안이 크게 번창하였다.

無聊 : 즐겁지 않다	婢兒 : 어린 계집종
踊躍 : 깡충깡충 뛰다	鼎中 : 솥 안에
柴 : 땔감	駄 : 바리(마소의 등에 잔뜩 실은 짐)
推去 : 찾아가다	門楣 : 문설주

盍 : 어찌 ~아니 하는가	俯伏 : 엎드리다
小的 : 소인	昨夜 : 어젯밤
竊 : 훔치다	蕭條 : 쓸쓸하다
廉价 : 청렴한 절개	誓 : 맹세하다
國舅 : 임금의 장인	大昌 : 크게 번창하다

홍기섭洪耆燮(1781~1866)

> 조선 후기의 문신이다. 1818년(순조18) 진사에 합격하여 음보로 관직에 나갔다.
> 대호군, 공조판서, 형조판서, 판의금부사, 상호군 등 여러 관직을 지냈다. 본관
> 은 남양南陽이고 자는 수경壽卿이다. 홍병채의 아들이고, 익풍부원군 홍재룡의
> 아버지이다.

高句麗平原王之女가 幼時에 好啼러니
고 구 려 평 원 왕 지 녀 　유 시 　호 제

王戱曰 以汝로 將歸愚溫達하리라
왕 희 왈 　이 여 　장 귀 우 온 달

及長에 欲下嫁于上部高氏한대
급 장 　욕 하 가 우 상 부 고 씨

女以王不可食言이라 하여 固辭하고
여 이 왕 불 가 식 언 　　　고 사

終爲溫達之妻하니라
종 위 온 달 지 처

蓋溫達이 家貧하여 行乞養母하니
개 온 달 　가 빈 　　행 걸 양 모

時人이 目爲愚溫達也러라
시인　목위우온달야

一日은 溫達이 自山中으로 負楡皮而來하니
일일　온달　자산중　부유피이래

王女訪見曰 吾乃子之匹也라 하고
왕녀방견왈　오내자지필야

乃賣首飾하여 而買田宅器物頗富하고
내매수식　이매전택기물파부

多養馬以資溫達하여 終爲顯榮하니라.
다양마이자온달　종위현영

고구려 평원왕의 공주는 어렸을 때 잘 울어서 왕이 놀리며 말하였다.

"너를 장차 바보 온달에게 시집보내리라."

공주가 자라나자 상부 고씨에게 시집을 보내려 하니 공주는 굳이 사양하며 말하였다.

"임금께서 식언食言을 하면 안 됩니다."

그리하여 마침내 온달의 아내가 되었다.

온달은 집이 가난하여 거리를 돌아다니며 구걸하여 어머니를 봉양하니 당시 사람들이 그를 가리켜 바보 온달이라고 놀렸다. 하루는 온달이 산에서 느릅나무 껍질을 짊어지고 내려오니, 공주가 찾아와서 말하였다.

"제가 바로 당신의 아내입니다."

그리고는 머리의 장식품을 팔아 밭과 집과 여러 살림살이를 제법 장만하여 매우 부유하게 되었다. 또 말을 많이 길러서 온달을 뒷바라지했다. 마침내 온달은 이름을 날리고 영예롭게 되었다.

好啼 : 잘 울다
行乞 : 구걸하러 다니다
楡皮 : 느릅나무 껍질
頗 : 제법, 꽤
顯榮 : 이름을 날리고 영예롭게 되다

歸 : 시집보내다
目 : 가리키다
首飾 : 머리의 장식품
資 : 돕다

勸學篇 권학편

항상 배우고 익혀라

朱子曰,
주 자 왈

勿謂今日不學而有來日하며
물 위 금 일 불 학 이 유 내 일

勿謂今年不學而有來年하라
물 위 금 년 불 학 이 유 내 년

日月逝矣라 歲不我延이니
일 월 서 의 세 불 아 연

嗚呼老矣라 是誰之愆고.
오 호 노 의 시 수 지 건

주자가 말하였다.

"오늘 배우지 않고 내일이 있다고 말하지 말며, 금년에 배우지 않고 내년이 있다고 말하지 말라. 해와 달은 가니 세월은 나를 기다려주지 않는다. 아! 늙었구나. 이 누구의 허물인가?"

日月 : 해와 달, 세월, 시간	逝 : 가다
延 : 늦추다, 기다리다	愆 : 허물

2

少年易老學難成하니 一寸光陰不可輕이라
소 년 이 로 학 난 성 　　일 촌 광 음 불 가 경

未覺池塘春草夢하여 階前梧葉已秋聲이라.
미 각 지 당 춘 초 몽 　　계 전 오 엽 이 추 성

　소년은 늙기 쉽고 학문은 이루기 어려우니, 짧은 시간이라도 가
벼이 여길 수 없어라. 연못가의 봄풀은 꿈에서 아직 깨지 못했는
데, 섬돌 앞의 오동나무는 벌써 가을 소리를 내누나.

| 易老 : 늙기 쉽다 | 難成 : 이루기 어렵다 | 池塘 : 연못 | 春草 : 봄풀 |
| 階 : 섬돌 | 梧葉 : 오동나무 잎 | 秋聲 : 가을 소리 |

3

陶淵明詩에 云, 盛年은 不重來하고
도 연 명 시 　운 　성 년 　부 중 래

一日은 難再晨이니 及時當勉勵하라
일 일 　난 재 신 　　급 시 당 면 려

歲月은 不待人이니라.
세 월 　부 대 인

　도연명의 시에 이르기를,
　젊은 시절은 거듭 오지 않고, 하루에 새벽이 두 번 오기 어려우
니, 때가 이르거든 마땅히 학문에 힘써라. 세월은 사람을 기다려

주지 않는다.

盛年 : 젊은 시절	不重來 : 거듭 오지 않는다
難再晨 : 새벽이 두 번 오지 않는다	勉勵 : 힘쓰다

도연명陶淵明(365~427)

중국 동진東晉 말기부터 남조南朝의 송대宋代 초기에 걸쳐 생존한 중국의 대표적 시인이다. 자는 연명 또는 원량元亮, 이름은 잠潛이다. 문 앞에 버드나무 다섯 그루를 심어 놓고 스스로 오류五柳선생이라 칭하기도 하였다. 주요 작품으로 《오류선생전》, 《도화원기》, 《귀거래사》 등이 있다.

4

荀子曰,
순 자 왈

不積跬步면 無以至千里요
부 적 규 보　　무 이 지 천 리

不積小流면 無以成江河니라.
부 적 소 류　　무 이 성 강 하

순자가 말하였다.

"반걸음도 꾸준히 내딛지 않으면 천 리에 이르지 못할 것이요, 적은 물이 모이지 않으면 강과 바다를 이루지 못한다."

跬步 : 반걸음

부 록

생활에 필요한 각종 서식

우편엽서 쓰기

504173261_0000002_01_01
2015년 04월 17일 제작

우 편 엽 서
Post Card

보내는 사람

국민건강보험공단 마포지사
서울특별시 마포구 와우산로 48
04068

받는 사람

홍길동 귀하
서울특별시 마포구 신수로8길 20
04097

우 편 엽 서

보내는 사람

국민건강보험공단 마포지사

서울특별시 마포구 와우산로 48

0 4 0 6 8

우 표

받는 사람

홍길동 귀하

서울특별시 마포구 신수로8길 20

0 4 0 9 7

편지봉투 쓰기

보내는 사람 **국립중앙도서관**

서울특별시 서초구 반포대로 201 (반포동)

우 표

⓪ ⑥ ⑤ ⑦ ⑨

받는 사람 **도서출판 매월당 귀중**

경기도 부천시 소사구 중동로71번길 39,

109동 1601호 (송내동, 뉴서울아파트)

1 4 7 2 1

1. 봉투에 쓰는 글씨는 모두 정자로 쓰도록 한다.
2. 받는 사람은 오른쪽 아래에, 보내는 사람은 왼쪽 위에 쓴다.
3. 받는 사람 또는 보내는 사람의 주소 및 이름은 가능하면 두 줄로 쓰되, 이름을 위에 쓰고 주소를 아래에 쓴다.
4. 받는 사람 또는 보내는 사람의 이름은 각각의 자리 중앙에, 주소보다 약간 크게 쓰고 특히 정자로 바르게 써야 한다.
5. 봉투의 규격은 가로 20센티미터, 세로 9센티미터로 통일되어 있다.
6. 우편번호는 반드시 적도록 한다.

이름 다음에 쓰는 칭호

- **귀하**貴下 : 편지글에서 상대편을 높여 이름 다음에 붙여 쓰는 말
- **귀중**貴中 : 편지나 물품 따위를 받을 단체나 기관의 이름 아래에 쓰는 높임말
- **좌하**座下 : 귀하貴下보다 높임말로 마땅히 공경해야 할 어른이나 조부모, 부모, 선배, 선생에게 쓰는 말
- **선생**先生 : 이름이나 직책 따위 다음에 붙여 써서 상대편을 높이는 말
- **여사**女史 : 결혼한 여자를 높여 이르는 말
- **인형**仁兄 : 편지글에서, 친구 사이에 상대편을 높여 이르는 이인칭 대명사
- **군**君 : 듣는 이가 친구나 손아래 남자일 때 그 사람을 조금 높여 이르는 이인칭 대명사
- **양**孃 : 아랫사람을 조금 높여 이르거나 부르는 말
- **즉견**即見 : 편지글에서 즉시 보라는 뜻으로 덧붙이는 말로, 손아랫사람에게 편지할 때 그 이름 다음에 씀
- **씨**氏 : 상대편의 이름 다음에 쓰며 그 사람을 높이거나 대접하여 부르거나 이르는 말

경조사 겉봉투 쓰기

祝
結
婚

祝
華
婚

祝
壽
宴

祝
壽
筵

祝
古
稀

祝
發
展

快
癒

謹
弔

賻
儀

春川市 自治行政局
局長 金 斗 玉

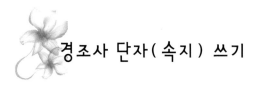
경조사 단자(속지) 쓰기

1. 회갑연 단자

수연을 축하하기 위하여 돈으로 부조를 하거나, 기념이 될 만한 선물을 보낼 때에는 단자單子를 적어 봉투에 함께 넣어 보냅니다.

祝壽筵

一金　　　　　원

二〇一五年　五月　八日

謹呈

氏　尊下

2. 회갑연 단자 – 단체용

祝壽筵

一金　　　　　원

二〇一五年　五月　八日

○○○　삼만원
○○○　삼만원
○○○　삼만원
○○○　삼만원
○○○　삼만원
○○○　삼만원

謹呈

氏　尊下

3. 부의 단자

부고장은 백지에 붓글씨로 쓰는 수도 있지만 매수가 많을 때에는 인쇄하는 것이 일반적입니다. 하지만 봉투만은 붓글씨로 쓰는 것이 예의입니다.

賻儀

一金　　　원

二〇一五年　五月　八日　謹呈

護喪所　入納

4. 부의 단자 – 단체용

여러 사람이 단체로 할 때 쓰는 단자(속지)입니다.

賻儀

一金　　　원

二〇一五年　五月　八日

○○○　삼만원
○○○　삼만원
○○○　삼만원
○○○　삼만원
○○○　삼만원

護喪所　入納　謹呈

청구서

1. 청구서 의미

청구서는 상대방으로부터 수취하지 못한 대금을 수취하기 위해 상대방에게 보내는 하나의 서식이다. 청구서는 일반적으로 외상거래의 경우 대금 지급에 맞추어 거래처에게 보내지게 되며, 대금의 수취 시 판매자(청구서 발송자)는 구매자로부터 대금의 수령과 함께 공급자 보관용 입금표와 공급받는 자 보관용 입금표를 발행하여 공급받는 자 입금표를 상대방 구매자에게 지급한다.

2. 청구서 작성법

① 청구자 : 청구자 칸에는 사업자등록증상의 내용을 옮겨 기입한다.

② 합계금액 : 합계금액 칸에는 판매금액과 부가가치세의 합계액을 기입한다.

③ 월일 : 청구금액에 대한 물품을 공급한 날을 기입한다.

④ 품명 : 품명 칸에는 판매한 물품의 종류를 기입한다.

⑤ 규격, 수량, 단가 : 규격, 수량, 단가 칸에는 물품의 규격, 수량, 단가를 기입한다.

⑥ 금액 : 물품의 금액을 부가가치세를 포함하여 기입한다.(수량 단가)

⑦ 비고 : 비고 칸에는 특이사항을 기입한다.

청 구 서							
No. _____ 20 년 월 일 _____ 귀하	청 구 자	사 업 자 등 록 번 호					
		상 호			성 명		
		사 업 장 소 재 지					
		업 태			종 목		
아래와 같이 청구합니다. 합계 금액							
월 일	품 명		규 격	수 량	단 가	금 액	비 고

출장여비청구서

작성일 : 20　 년　 월　 일

소　속 :

작성자 :

결재				

분류기호		출장기간	
출 장 자		소속/직위	
출 장 지		교 통 편	
출장목적			

여 비 청 구 내 역

항　　목	내　　역	금　　액	비　　고
계			

위 금액을 영수합니다 20　 년　 월　 일 영수인　　　　　㊞	경리부확인	과장	부장

영수증과 현금보관증

1. 영수증

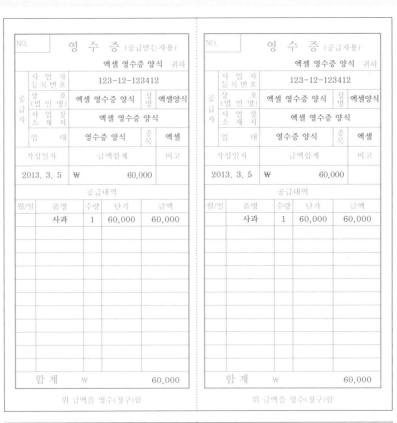

2. 현금보관증

현금보관증

일금 :   원整(₩)

상기 금액을 2015년 05월 27일 수령하고 위
금액의 수령(보관)을 확실히 하기 위하여 이 증
서를 작성하고 기명날인합니다.

보관 사유 :

2015년 05월 27일

보관자 주소 :

　　　상호 :

　　　성명 :   ㊞

　　　전화 :

　　　　　　　　　　　　　　　귀하

이력서 견본

이 력 서

사 진	성 명	홍 길 동 ㉔		주민등록번호
				850415-1234567

생년월일　　서기 1985년 04 월 15일생　　（만 ○○세）				

주 소	경기도 부천시 소사구 중동로 71번길	자택전화	032-666-1130
		휴 대 폰	010-1234-5678

호 적 관 계	호주와의관계	父의 子	호주성명	홍 ○ ○

년	월	일	학 력 및 경 력 사 항	발 령 청
2004	02	10	○○고등학교 졸업	
2004	03	02	○○대학교 ○○대학 ○○학과 입학	
2006	03	05	육군 보병 제○○사단 입대	
2008	01	04	전역	
2008	03	02	○○대학교 ○○대학 ○○학과 복학	
2010	02	20	○○대학교 ○○대학 ○○학과 졸업	
2011	03	02	○○회사 입사	
2012	12	31	○○회사 퇴사	
2013	05	05	○○공모전 입상	
2009	12	15	건축기사 자격증 취득	
			위 내용은 사실과 틀림없습니다.	
			20 년 월 일	
			㉔	

사 진 (3cm×4cm)	성 명	한글	홍 길 동	생년월일	1985. 04. 15. (남, 여)	
		한자	洪 吉 同	주민등록번호	850415-1234567	
	주 소		경기도 부천시 소사구 중동로 71번길	자택전화	032-666-1130	
				휴대폰	010-1234-5678	

학 력	기 간	학 교 명	전 공 분 야
	1992.03.02 ~1998.02.10	○ ○ 초등학교(졸.중퇴)	
	1998.03.02 ~2001.02.10	○ ○ 중 학 교(졸.중퇴)	
	2001.03.02 ~2004.02.10	○ ○ 고등학교(졸.중퇴)	
	2004.03.02 ~2010.02.10	○ ○ 대 학 교(졸.중퇴)	○ ○ 학과
		대 학 원(졸.중퇴)	

경 력	기 간	근무처	직 위	업 무 내 용
	2011.3.2~2012.12.31	○ ○ 회사		

자격 및 면허	취 득 년 월 일	자 격 / 면 허 명	시 행 처
	2009.12.15	건축기사 자격증 취득	

병 역	복 무 기 간	군별	계급	병 과	미필 또는 면제사유
	2006.3.5~2008.1.4	육군	병장	보병	

신장	170cm	체중	70kg	취미		특기		종교	

가 족 사 항	관계	성 명	연령	출신학교	직업	근무처	직위

위에 기재한 사항은 사실과 틀림이 없습니다

년   월   일

성   명   (인)

이력서 쓰기

사 진	이 력 서		
	성 명	⑩	주민등록번호
	생년월일 서기 년 월 일생 (만 세)		
주 소		자택전화	
		휴 대 폰	
호 적 관 계	호주와의관계	호주성명	
년 월 일	학 력 및 경 력 사 항		발 령 청
	위 내용은 사실과 틀림없습니다.		
	20 년 월 일		
	⑩		

사 진 (3cm×4cm)	성 명	한글		생년월일		(남, 여)
		한자		주민등록번호		
	주 소				자택전화	
					휴대폰	

	기 간	학 교 명	전 공 분 야
학 력	~	초등학교(졸.중퇴)	
	~	중 학 교(졸.중퇴)	
	~	고등학교(졸.중퇴)	
	~	대 학 교(졸.중퇴)	
	~	대 학 원(졸.중퇴)	

	기 간	근무처	직 위	업 무 내 용
경 력	~			
	~			

	취 득 년 월 일	자 격 / 면 허 명	시 행 처
자격 및 면허			

	복 무 기 간	군 별	계 급	병 과	미 필 또 는 면 제 사 유
병 역	~				

신장		체중		취미		특기		종교	

	관계	성 명	연령	출신학교	직업	근무처	직위
가 족 사 항							

위에 기재한 사항은 사실과 틀림이 없습니다

년   월   일

성   명   (인)

자기소개서를 잘 쓰기 위한 TIP

　기업은 자기소개서를 통해서 내가 어떤 사람인가를 알고자 하는 것이므로, 수려한 문장력보다는 간단명료하면서도 진솔하게 써야 한다.

　그러므로 나는 어떤 사람이고, 무엇을 잘하며, 어떤 계기를 통해서 무언가를 잘하게 되었다는 등등의 본인이 살아온 스토리를, 중요한 이벤트 중심으로 작성하면 면접에도 도움이 된다.

　좋은 직업이란 자신의 가치관과 조직 가치관이 맞는 일임을 염두에 두고, 취업에 성공하기 위해서는 무엇보다 자기 자신부터 성찰하는 일이 중요하다. 이때 회사 관계자가 지원자들에게 알고 싶은 것은 스펙보다도 지원자의 진정성이기 때문에 자기소개서를 쓸 때도 지금까지 살아온 날들을 단순히 나열만 하지 말고 다른 지원자와 차별화되는 자신만의 장점을 회사에 어필해야 한다.

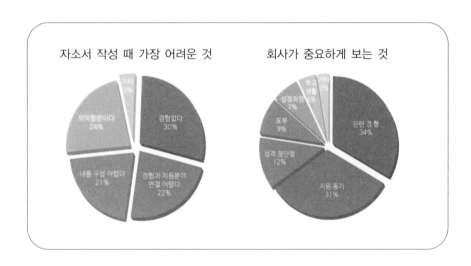

1. 살아온 날의 단순한 나열보다는 강점을 어필하기

회사가 나에게 알고 싶어 하는 것은 눈에 띄는 스펙보다는 진정성이다.

2. 자신의 장점과 능력을 확실히 알고 어필하기

자신에 대해 알았다면 그 다음엔 관심 있는 회사를 확실히 아는 것이 중요하다.

3. 관심 있는 회사와 업무 조사하기

자신의 강점과 회사가 필요로 하는 부분을 잘 연결시켜 준비한다면 성공적인 결과를 얻을 수 있다.

4. 글의 내용을 적절히 배치하기

나를 효과적으로 표현할 수 있는 단어와 문장도 중요하지만, 그 내용을 어떻게 배치하고 보여주는지에 따라서 내가 돋보이거나 혹은 그렇지 않을 수 있다. 자기소개서를 작성하고 고민 중이라면, 인사담당자의 입장이 되어 내 이력서와 자기소개서를 읽어보면 수정할 내용들이 보일 것이다. 또한 마지막으로 꼼꼼하게 오탈자를 점검하는 것도 자기소개서 제출의 기본이다.

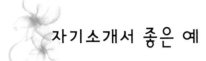

자기소개서 좋은 예

성장 과정	[정직] 부모님은 물질보다 최선을 다해 정직하게 행동하는 것에 대한 소중함을 몸소 보여주셨습니다. 학업도 중요하게 여기셨지만 정직하지 못할 때는 사랑의 매로 따끔하게 일깨워주셨습니다. 때문에 행동하기에 앞서 정직이라는 단어를 마음에 새기고 일을 하고 있습니다. [동행] 대학교 2학년 때부터 장애도우미활동을 했습니다. 지체장애1급 판정을 받은 친구와 함께 들어선 대학 교정이 생각납니다. 휠체어를 옮겨주고 밀어주는 작은 일이었지만 서로가 느끼고 함께한 시간은 말로 표현할 수 없는 것입니다. '함께하는 사회'는 휠체어가 비장애인의 보폭에 맞추어 함께 나갈 수 있는 것부터 시작해야 합니다. [도전] 교회 바자회에서 5년째 빙수 판매를 통해 '불우이웃돕기'를 실천했습니다. 첫 판매 수익률은 우리를 실망시켰습니다. 높은 수익률을 위해 고객의 요구에 따라 만드는 '맞춤형 빙수'를 제안했습니다. 동일한 재료이고 고객의 요구에 따라 적은 종류의 재료가 들어갈 때도 있지만 수익률은 4배가 되었습니다. 저의 이런 정직성과 남을 위한 배려는 기획 업무를 진행하는데 있어 밑거름이 되리라 생각됩니다.
성격의 장단점	[메모지] 섬세하고 꼼꼼한 성격이라 필통에 항상 메모지를 준비하여, 중요한 정보를 기억해야 할 상황이 발생하면 열심히 기록합니다. 저의 습관을 친구들도 알기에 과제물 또는 회의 내용을 확인할 때는 어김없이 제게 와서 묻곤 합니다. [스마일 개미] 웃는 얼굴과 긍정적인 태도, 부지런한 성격을 보고 친구들이 붙여준 별명입니다. 웃는 얼굴 덕분에 주위 사람들과 자연스럽게 속 깊은 이야기도 나눌 수 있고 처음 보는 사람과도 부담 없이 친해집니다. 부지런한 성격 탓에 먼저 일어나 정확한 시간을 알리고 잠을 깨우는 타임키퍼의 역할은 항상 저의 몫입니다. [경청과 우유부단] 다른 사람의 의견 하나하나를 신경 쓰다 보니 과감한 결단이 부족할 때가 있었습니다. 그러나 동아리 위원장으로서 30명의 목소리를 낸다는 책임감을 가지고 훈련을 한 결과 저의 단점을 보완할 수 있었습니다. 나만을 위한 일이 아닌, 조직을 위한 일이라는 의미를 되새김으로써 우유부단한 일처리를 과감하게 진행할 수 있었습니다. 정확성을 요구하는 기획 업무를 진행하는데 있어서 저의 부지런함과 꼼꼼함을 유감없이 발휘하고 싶습니다.

보유 역량	[분석력과 정확성] 통계학 학부 과정을 통해 길러진 분석력과 정확성은 고객의 데이터를 분석하고, 중점화하여 예측하는데 도움이 되는 능력입니다. 이는 마케팅 직무에서 시장을 분석하고 타깃을 정하고 파악하는데 효율성을 더할 수 있습니다. [책임감과 성실함] 휴학 중에 동부화재에서 6개월 동안 사무보조로 일했습니다. 당시 시스템개발이라는 목표 아래 부서 업무량이 배가되었고, 제게도 업무량의 증가와 함께 실질적인 업무를 맡을 기회가 주어졌습니다. 우선 업무의 리스트를 만들어 일을 속도를 증가시켰습니다. 또 책임감과 성실함으로 주어진 업무를 완수하고자 노력했습니다. 마지막으로 밝은 인사와 미소로 팀의 분위기를 바꾸기 위해 노력했습니다. 그 결과, 사기 충전을 위한 칭찬 릴레이에서 직원들을 제치고 첫 칭찬주인공이 되는 영광을 얻었습니다.
지원 동기 및 입사 후 포부	[지智를 겸비한 해피바이러스가 되겠습니다] 저는 보이는 스펙보다 실질적인 업무능력이 높다고 자신할 수 있습니다. 단행본 그룹 업계 선두를 달리고 있고 확실한 비전을 제시하며 차근차근 발전해 나가고 있는 귀사에 강한 믿음이 갑니다. 저의 창의성과 치밀함을 귀사에서 최대한 발휘하고 싶습니다. 귀사에서 제게 기회를 주신다면 첫째, 10분 일찍 출근하고 준비하여 조직의 활력소가 되겠습니다. 둘째, 많이 배워서 기반을 다지겠습니다. 백지에 처음 그림을 그리는 아이의 마음으로 선배님들께 묻고 배우고 흡수하여 제 것으로 만들겠습니다. 셋째, 팀의 에너지원이 되겠습니다. 다양한 경험과 적응력을 이용하여 해피바이러스를 전파하는 사람이 되겠습니다.

 자기소개서 쓰기

성장 과정	
성격의 장단점	

보유 역량	
지원 동기 및 입사 후 포부	

원문原文으로 읽는 명심보감

개정판 1쇄 발행 | 2024년 12월 10일

지은이 | 추적
엮은이 | 편집부

발행인 | 김선희 · 대 표 | 김종대
펴낸곳 | 도서출판 매월당
책임편집 | 박옥훈 · 디자인 | 윤정선 · 마케터 | 양진철 · 김용준

등록번호 | 388-2006-000018호
등록일 | 2005년 4월 7일
주소 | 경기도 부천시 소사구 중동로 71번길 39, 109동 1601호
       (송내동, 뉴서울아파트)
전화 | 032-666-1130 · 팩스 | 032-215-1130

ISBN 979-11-7029-252-4 (03100)

이 도서의 국립중앙도서관 출판시도서목록(CIP)은 서지정보유통지원시스템 홈페이지
(http://seoji.nl.go.kr)와 국가자료공동목록시스템(http://www.nl.go.kr/kolisnet)에서
이용하실 수 있습니다.(CIP제어번호 : CIP2015015016)